Paul E. Ceruzzi

Computer

Paul E. Ceruzzi

Computer

Aus dem Englischen von
Manfred Weltecke

BERLIN UNIVERSITY PRESS

Bibliografische Information der Deutschen Nationalbibliothek
Die Deutsche Nationalbibliothek verzeichnet diese Publikation in der Deutschen Nationalbibliografie; detaillierte bibliografische Daten sind im Internet über http://dnb.d-nb.de abrufbar.

Originaltitel: Computing

Covergestaltung: Karina Bertagnolli, Wiesbaden
Bildnachweis: vector technology computer concept background –
Illustration © by Pixtum
Satz und Bearbeitung: SATZstudio Josef Pieper, Bedburg-Hau
Der Titel wurde in der Chaparral PRO gesetzt.
Gesamtherstellung: CPI books GmbH, Leck – Germany

ISBN: 978-3-7374-1324-4

www.verlagshaus-roemerweg.de

INHALT

VORWORT

Eine bekannte Version von Zenons Paradoxon behauptet, es sei unmöglich, dass ein Läufer bei einem Wettrennen am Ziel ankommt. Zuerst muss er die erste Hälfte der Distanz bis zum Ziel zurücklegen, was eine endliche Zeitspanne in Anspruch nimmt; dann muss er die erste Hälfte der restlichen Distanz durchlaufen, was eine kürzere, aber ebenfalls endliche Zeitspanne in Anspruch nimmt; usw. Um die Ziellinie zu erreichen, ist es daher erforderlich, dass er eine unendliche Anzahl endlicher Zeitspannen hinter sich bringt, und deshalb kann das Rennen niemals gewonnen werden. Mit der Geschichte der Verwendung von Computern verhält es sich ähnlich: sie kann nicht geschrieben werden. Neue Entwicklungen verändern das Fachgebiet, während man sie schreibt, und lassen so jeden Versuch, eine zusammenhängende Darstellung zu geben, sogleich veralten. Noch vor einem Jahrzehnt konzentrierten sich derartige Schilderungen auf die Hard- und Software von Computern, wobei der Schwerpunkt auf IBM und den Rivalen dieses Unternehmens lag, einschließlich Microsoft.[1] Das scheint nicht mehr so bedeutsam, obwohl diese Themen nach wie vor wichtig sind. Vor fünf Jahren stand »das Internet« im Zentrum geschichtlicher Darstellungen, besonders in Verbindung mit dem World Wide Web und Online-Datenbanken. Einzelrechner waren zwar noch wichtig, aber das

Hauptinteresse galt dem Netz und seinen Auswirkungen. Dies hat sich abermals geändert. Heute liegt der Schwerpunkt auf einem verteilten Netz von mobilen Geräten, die mit einer Cloud aus großen Datenbanken, Video- und Sounddateien, GPS-Systemen und vielem mehr verbunden sind. In den USA werden diese tragbaren Geräte als »Smartphones« bezeichnet – der Name stammt von den Geräten, aus denen sie hervorgegangen sind. Anrufe damit machen zu können scheint allerdings unter ihren Verwendungszwecken derjenige zu sein, an dem ihre Benutzer am wenigsten interessiert sind. Im Mittelpunkt von Übersichten zur Geschichte des Computers stehen jetzt weniger IBM, Microsoft und Netscape, als vielmehr Google und Apple. Solche Darstellungen sind gezwungen, in jedem Absatz mindestens einmal Facebook und Twitter zu erwähnen. Unterdessen brummen die älteren Technologien, einschließlich Mainframe-Computer, nach wie vor im Hintergrund vor sich hin. Und die Hardware, auf der all dies abläuft, stützt sich noch immer auf ein Bauelement, den Mikroprozessor, der in den frühen 1970er Jahren erfunden wurde.

Mathematiker haben Zenons Paradoxon widerlegt. Die folgende Darstellung wird gleichfalls versuchen Zenons Paradoxon zu widerlegen, da es die Geschichte der Erfindung und anschließenden Entwicklung der digitalen Technologien erzählt. Es ist unmöglich zu erraten, welches die nächste Phase der Verwendung von Computern sein wird, doch es ist wahrscheinlich – wie immer sie auch aussehen mag –, dass sie durch Stränge geprägt sein wird, die jene Geschichte durchziehen.

Die Digitalisierung

Der erste Strang ist die Digitalisierung: das Konzept, dass die Codierung von Informationen, ihre Verarbeitung und Steuerung in binärer Form erfolgt, d. h. mit einem Zahlensystem, das – statt der 10 Symbole des von Menschen mit ihren 10 Fingern seit Jahrtausenden verwendeten Dezimalsystems – nur zwei Symbole, 1 und 0, verwendet. Es geht hierbei nicht allein um binäre Arithmetik, sondern um die Verwendung der zweiwertigen Logik zur Steuerung von Maschinen und zur Codierung von Befehlen an Geräte, sowie um den Einsatz von Binärcodes zur Informationsübertragung. Diese Einsicht lässt sich mindestens bis auf George Boole zurückverfolgen, der 1854 die Gesetze der Logik beschrieb, und davor auf Gottfried Wilhelm Leibniz (1646–1716). Die folgende Darstellung erörtert die häufig zitierte Beobachtung, dass sich »digitale« Rechenmethoden gegenüber der »analoge« Methode durchgesetzt haben. Tatsächlich werden beide Ausdrücke erst seit den 1930er Jahren verwendet, und in dieser für ihren Gebrauch prägenden Phase wurde ihre Bedeutung nie sonderlich scharf unterschieden. Der Unterschied ist fundiert und einer ge-

Im Mittelpunkt von Übersichten zur Geschichte des Computers stehen jetzt weniger IBM, Microsoft und Netscape, als vielmehr Google und Apple. Solche Darstellungen sind gezwungen, in jedem Absatz mindestens einmal Facebook und Twitter zu erwähnen. Unterdessen brummen die älteren Technologien, einschließlich Mainframe-Computer, nach wie vor im Hintergrund vor sich hin. Und die Hardware, auf der all dies abläuft, stützt sich noch immer auf ein Bauelement, den Mikroprozessor, der in den frühen 1970er Jahren erfunden wurde.

naueren Betrachtung wert, nicht nur hinsichtlich seines Ursprung, sondern auch seiner weiteren Entwicklung.

Konvergenz

Der zweite Strang ist das Konzept, dass der Rechnereinsatz eine Konvergenz vieler verschiedener Technikströme, Geräte und Maschinen darstellt, die jeweils ihren eigenen Entwicklungsweg hinter sich haben. Das jüngste Beispiel dieser Konvergenz ist das Smartphone, in dem sich zahlreiche Technologien vereinigen: Telefon, Radio, Fernseher, Tonaufzeichnung und -wiedergabe, Kamera, Fernschreiber, Computer und noch einige mehr. Der Computer stellt seinerseits die Konvergenz anderer Technologien dar: von Geräten, mit denen sich Berechnungen durchführen und Daten speichern lassen und die ein gewisses Maß automatischer Steuerung verkörpern. Das Resultat, das durch das allen von ihnen gemeinsame Konzept der Digitalisierung zusammengehalten wird, ist weit mehr als die Summe der einzelnen Teile. Dies erklärt, warum sich solche Geräte, nachdem sie eine bestimmte Schwelle der technischen Zuverlässigkeit überschritten haben, so schnell durchsetzen; zum Beispiel, warum im Jahr 2005 Digitalkameras diejenigen Kameras, die noch auf Filmen basierten, die man entwickeln musste, fast über Nacht in eine kleine Nische gedrängt haben.

Halbleiterelektronik

Auf den dritten Strang wurde bereits im Zusammenhang mit dem zweiten hingewiesen: diese Geschichte wurde durch einen stetigen Fortschritt der ihr zugrunde liegenden Elektrotechnik vorangetrieben. Dieser Fortschritt vollzieht sich seit Beginn des 20. Jahrhunderts; nach 1960 wurde er durch das Aufkommen der Halbleiterelektronik auf dramatische Weise beschleunigt. Die kürzeste Beschreibung des Phänomens lautet: »das Moore'sche Gesetz«. Hierbei handelt es sich um eine empirische Beobachtung, die 1965 von Gordon Moore gemacht wurde, einem Chemiker, der in Kalifornien in der später als Silikon Valley bezeichneten Gegend arbeitete. Moore stellte fest, dass die Speicherkapazität von Computerchips stetig zunahm; sie verdoppelte sich alle 18 Monate. Diese Zuwachsrate hielt über die folgenden Jahrzehnte an. Moore beschrieb nur eine Art von elektrischem Schaltkreis, doch findet man Varianten dieses Gesetzes überall in diesem Bereich: bei der Zunahme der Rechengeschwindigkeit von Computern, der Kapazität von Datenleitungen, der Speicherkapazität von Festplatten, usw. Er machte eine empirische Beobachtung. Möglicherweise wird das Gesetz in Zukunft nicht mehr gelten, doch solange es gilt, wirft es für Historiker interessante Fragen auf. Ist es ein Beispiel für »technologischen Determinismus«: dafür, dass technologische Fortschritte die Geschichte vorantreiben? Die Flut digitaler Geräte, welche die heutige Welt überschwemmt hat, legt diese Vermutung nahe. Dass die Technologie der Geschichte ihre Richtung gibt, ist eine für Historiker fürchterliche Vorstellung. Sie wenden ein, dass Innovationen auch in umgekehrter Richtung erfolgen: soziale und politische Kräfte treiben Erfindungen voran, die ihrerseits die Gesellschaft prägen. Die historischen Fakten deuten darauf hin, dass beides zutrifft: ein Paradoxon, das so verwirrend wie dasjenige Zenons, doch noch schwieriger zu entwirren ist.

Die Mensch-Maschine-Schnittstelle

Der letzte Strang dieser Geschichte betrifft die Art der Interaktion des Menschen mit digitalen Geräten. Im gegenwärtigen Jargon bezeichnet man dies als die Benutzerschnittstelle. Dieser Strang reicht hinab bis zu den philosophischen Wurzeln der Datenverarbeitung und ist einer der Gründe dafür, warum dieses Fachgebiet so fasziniert. Versuchen wir einen mechanischen Ersatz für ein menschliches Wesen zu schaffen, oder ein Werkzeug, das mit dem Menschen zusammenarbeitet, eine Erweiterung seiner geistigen Fähigkeiten? Diese Diskussionen, die einst nur unter Science-Fiction-Autoren geführt wurden, finden kein Ende und werden in dem Maße, in dem Computer neue Fähigkeiten erlangen – insbesondere die Fähigkeit, in einer natürlichen Sprache zu kommunizieren –, noch zunehmen.

Dies ist ein weites Thema: es reicht von den philosophischen Auswirkungen auf das Menschenbild bis zu Einzelfragen des Rechnerdesigns. Wie gestaltet man ein Gerät, das von Menschen effektiv verwendet werden kann, das unsere motorischen Fähigkeiten nutzt (z. B. eine Maus zu verwenden oder einen Bildschirm zu berühren) sowie unsere Fähigkeit, Muster zu erkennen (z. B. Symbole) und uns mit Informationen versorgt, die wir nur mit Mühe behalten können (z. B. Google oder Wikipedia)? Wir werden sehen, dass diese Detailfragen mit Bezug auf die Verwendung durch den Menschen erstmalig während des Zweiten Weltkrieges intensiv untersucht wurden, als es dringend erforderlich wurde, Geräte zu bauen, die die Bahn feindlicher Flugzeuge berechnen und sie abfangen konnten.

Das Folgende ist eine Übersicht über die Entwicklung des Digitalzeitalters unter besonderer Berücksichtigung dieser vier Themen: der Digitalisierung, der Konvergenz, der Halbleiterelektronik und der Mensch-Maschine-Schnittstelle.

1

DAS DIGITALZEITALTER

Im Frühjahr des Jahres 1942, während der Zweite Weltkrieg wütete, berief der nationale Ausschuss für Verteidigungsforschung der USA ein Treffen von Wissenschaftlern und Ingenieuren ein, um über Geräte zu beraten, mit denen sich Luftabwehrgeschütze auf ihr Ziel richten und abfeuern ließen. Der *Blitzkrieg*, eine brillante militärische Taktik, die auf den schnellen Angriffen deutscher Sturzkampfbomber basierte, machte dies zu einer dringenden Angelegenheit. Der Ausschuss untersuchte eine Reihe von Entwürfen, von denen sich herausstellte, dass sie zu jeweils einer von zwei umfassenden Kategorien gehörten. Die einen richteten Luftabwehrgeschosse auf ihr Ziel, indem sie ein mechanisches oder elektronisches Analogon der mathematischen Gleichungen zur Geschützsteuerung konstruierten, z. B. indem sie eine Nockenwelle herstellten, deren Profil einer Bewegungsgleichung folgte. Die andere löste die Gleichungen numerisch – wie bei einer gewöhnlichen

Rechenmaschine, nur dass statt mechanischer Zähler schnelle elektrische Impulse verwendet wurden. Ein Mitglied des Ausschusses, der für die Bell Telephone Laboratories arbeitende Mathematiker George Stibitz, meinte, dass der Ausdruck *Impuls* die Sache nicht wirklich traf. Er schlug einen anderen Ausdruck vor, den er für aussagekräftiger hielt: *digital*. Das Wort bezog sich ursprünglich auf die Methode des Zählens mit den eigenen Fingern. Es wurde zu dem Adjektiv, das das soziale, ökonomische und politische Leben des 21. Jahrhunderts definiert.[1]

Es bedurfte allerdings mehr, als lediglich ein Wort zu prägen, um das Digitalzeitalter einzuläuten, doch hat dieses Zeitalter seinen Ursprung in Geheimprojekten, die während des Zweiten Weltkrieges begonnen und durchgeführt wurden. Die meisten geschichtlichen Darstellungen des Computerwesens, die behaupten den Gesamtbereich dieses Themas abzudecken, erklären nicht, wie eine solche Erfindung, die während des Krieges als Hochgeschwindigkeitsersatz für Rechenmaschinen gedacht war, derart weitreichende soziale Konsequenzen haben konnte.

Diese Entwicklungen während des Krieges, so bedeutsam sie auch waren, erklären ebenso wenig, warum digitale Techniken für die Datenübertragung übernommen wurden. Dies geschah nicht während des Zweiten Weltkrieges, sondern zwei Jahrzehnte später, als eine Behörde des Verteidigungsministeriums der USA ein Programm ins Leben rief, das zum Ziel hatte, sämtliche, überall in den USA verteilten Computer des Ministeriums miteinander zu verbinden. Diese Kombination der Computer- und Datenübertragungstechnik entfesselte eine riesige Welle sozialer Veränderung, die unser gegenwärtiges Leben in jeder Hinsicht prägt.

Die Telekommunikation hat, genau wie der Einsatz von Computern, eine lange und gut dokumentierte Geschichte. Sie beginnt in der Mitte des 19. Jahrhunderts mit den elektrischen Fernschreibern von Morse und Wheatstone. Darauf folgten die Erfindung und der Siegeszug des Telefons von Alexander Graham Bell, Elisha Gray, Thomas Edison und anderen im weiteren Verlauf des Jahrhunderts. Was war nun anders an den Computernetzwerken der 1960er Jahre? Fast jedes gesellschaftliche und wirtschaftliche Phänomen, das wir mit dem Internet in Verbindung bringen, wurde durch ähnliche Verwendungen des Fernschreibers ein Jahrhundert früher vorweggenommen.[2] Der Fernschreiber, kombiniert mit Kabeln auf dem Meeresboden, verwandelte zwar die Gesellschaft; doch scheint die durch die neuere Anwendung eines digitalen Paradigmas bewirkte Veränderung noch um Vieles größer zu sein.

Es ist gefährlich, moderne Begriffe auf Ereignisse in der Vergangenheit anzuwenden, doch kann man diese Regel einmal kurzzeitig verletzen, um die Feststellung zu treffen, dass der elektrische Fernschreiber, wie er von Samuel Morse in den 1840er Jahren weiterentwickelt wurde, die Urform eines »digitalen« Apparates war. Er verwendete Impulse, keinen kontinuierlichen Strom, und setzte einen Code ein, der es ermöglichte, mit einem Minimum an Stromkabeln oder Geräten Nachrichten schnell und genau über große Entfernungen zu senden. Schriftsetzer wussten schon seit langem, dass bestimmte Buchstaben (z. B. *e, t, a*) häufiger verwendet werden als andere, und aus diesem Grund waren die für diese Buchstaben verwendeten Codes kürzer als die anderen. Ein Jahrhundert später verliehen Mathematiker diesem auf einem Einzelfall basierenden Verständnis von Telekommunikation eine theoretische Grundlage. Was man später als Informationstheorie bezeichnen sollte, entstand gleichzeitig mit und unabhängig von den ersten digitalen Rechnern in den 30er und 40er Jahren des 19. Jahrhunderts. Die binäre Arithmetik (die zur Darstellung von Zahlen nur zwei Ziffern verwendet), Bits und Bytes (durch 8 Bits kodierte Zeichen) sind den modernen Benutzern digitaler Geräte zumindest dem Namen nach vertraut. Die Ursprünge dieser Theorie sind weniger gut bekannt, doch haben sie das moderne Digitalzeitalter überhaupt erst möglich gemacht.

Zahlreiche Darstellungen der Geschichte des Computers beginnen mit Charles Babbage, dem Engländer, der um die Mitte des 19. Jahrhunderts, zur selben Zeit, zu der Morse den Fernschreiber entwickelte, vergeblich versuchte, eine mechanische Rechenmaschine zu bauen.[3] Der Grund hierfür ist, dass das Konzept von Babbage – was wir heute als die Architektur der Maschine bezeichnen – erstaunlich modern war. Es enthielt alle grundlegenden Bauteile, die man in den im Zweiten Weltkrieg hergestellten Computern schließlich verwendete. Wir erkennen indes heute, dass es bestimmte Annahmen voraussetzt, die Geschichte des Computers mit Babbage beginnen zu lassen. Was genau ist ein »Computer«? Und was ist seine Beziehung zum Digitalzeitalter, in dem wir heute leben?

Die Komponenten von Rechenmaschinen

Computer stellen eine Konvergenz von Funktionen dar, die man in der Vergangenheit in unterschiedlichem Maße mechanisiert hatte. Mechanische Rechenhilfsmittel gab es bereits in der Antike, als in verschiedenen Kulturen zur Unterstützung des Rechnens und des Umgangs mit Zahlen zum Beispiel Kieselsteine (die im Lateinischen *calculi* heißen und worauf das Wort *kalkulieren* zurückgeht), Rechentafeln (woran der englische Ausdruck *countertop** für Arbeitsfläche erinnert) und der Abakus verwendet wurden – die alle bis in das 21. Jahrhundert überlebt haben. Obwohl einem dies arbiträr vorkommen mag, begann die eigentliche Mechanisierung von Rechenvorgängen, als Erfinder Wege fanden, Zahlen nicht nur aufzuzeichnen, sondern auch zu addieren. Dies galt insbesondere für den Fall eine

* Was wörtlich übersetzt so viel wie »Zählfläche« bedeutet.

Zahl bei Bedarf automatisch in die nächsthöhere Zahlenspalte zu übertragen, speziell bei Überträgen wie beispielsweise 999 + 1. Dies begann mit Pascals Addiermaschine von 1642, oder einem Gerät, das 1623 von Wilhelm Schickard erfunden wurde. Leibniz erweiterte Pascals Erfindung, indem er einige Jahrzehnte später eine Maschine entwickelte, die nicht nur addieren, sondern auch multiplizieren konnte. Die Mechanismen, nach welchen diese Geräte funktionierten, blieben bis zum 19. Jahrhundert ungenutzt, als die Fortschritte in Handel und Wirtschaft einen Bedarf erzeugten, auf den kommerzielle Hersteller reagieren wollten. Gegen Ende dieses Jahrhunderts erschienen in Europa und den USA kompliziert konstruierte mechanische Rechenmaschinen. Der in den 1880er Jahren von D. Felt erfundene Comptometer war aufgrund seiner Einfachheit, Geschwindigkeit und zuverlässigen Funktionsweise eine der ersten brauchbaren Rechenmaschinen. Auch die etwa zur gleichen Zeit von William S. Burroughs erfundene Addiermaschine war ein kommerzieller Erfolg. Burroughs überlebte als Lieferant elektronischer Computer bis in die 1980er Jahre. Sein Unternehmen war der Vorgänger des heutigen Unisys-Konzerns. Maschinen von Unternehmen wie beispielsweise Brunsviga und Odhner wurden ebenfalls europaweit verkauft. Auf diesen Maschinen stellt der Benutzer Zahlen zwar mit Hilfe einer Reihe von Sprossenrädern ein, statt sie durch Tastendruck einzugeben, doch sie funktionierten nach ähnlichen Prinzipien.

Ebenso wichtig wie die Ausführung von Rechenaufgaben waren zwei zusätzliche Funktionen: das automatische Speichern und Abrufen von Daten in kodierter Form sowie die automatische Ausführung einer Reihe von Arbeitsschritten. Dies ist der Grund, warum die Geschichte des Computers mit der Rechenmaschine begann, die Charles Babbage im 19. Jahrhundert zu bauen versucht hatte. Babbage hat diese Maschine niemals fertiggestellt, und zwar aus Gründen, die nur zum Teil mit dem damaligen Stand der Maschinenbautechnik zu tun haben. In den 1830er Jahren, als Babbage erste Ideen für eine solche Maschine entwarf, konnte weder er selbst noch irgendein anderer auf die Elektrotechnik zurückgreifen, um seine Ideen zu realisieren. Alles musste mechanisch ausgeführt werden. Angesichts des für einen Computer erforderlichen Grades von Komplexität war ein mechanischer Computer mit akzeptabler Leistung damals nicht praktikabel, und er wäre es auch heute nicht. Die kürzlich mit großem finanziellem Aufwand geglückte Rekonstruktion von Babbages anderem Projekt, der Differenzmaschine, beweist dies.[4] Sie funktioniert zwar, doch ist die Leistung der Differenzmaschine nicht annähernd so hoch wie die der Rechenmaschine. In einer Analogie könnte man die Pläne von Babbage mit Leonardos Entwürfen einer Flugmaschine vergleichen: Leonardos Entwürfe hatten zwar Hand und Fuß, doch musste der Bau schwerer Luftfahrzeuge auf die Erfindung des Benzinmotors warten, der genug Kraft bei geringem Gewicht produzieren konnte.

Legt man diesen Standard zugrunde, könnte man die Geschichte des Computers im späten 19. Jahrhundert beginnen lassen, als der amerikanische Erfinder Herman Hollerith für die 1890 in den USA durchgeführte Volkszählung eine Speichermethode entwickelte, bei der Daten mit Hilfe von in Karten gestanzten Löchern kodiert wurden. Hollerith entwickelte nicht nur die Lochkarten, sondern auch eine Reihe von Geräten, die Karten zum Sortieren, Abrufen und Zählen von Daten verwendeten. Außerdem entwickelte er Geräte, mit denen man einfache Rechenfunktionen auf die in Lochkarten eingegebene Daten anwenden konnte. Seine Geräte kombinierten zur Ausführung ihrer Funktionen komplexe Mechanismen mit Magneten und Antrieben. Die Verwendung von Elektrizität war nicht erforderlich. Ein rivalisierender Erfinder, James Powers, stellte rein mechanische Lochkartengeräte her, um nicht gegen Holleriths Patente zu verstoßen. In der Praxis, als man diese Geräte zur Bearbeitung immer komplexerer Aufgaben heranzog, erwies sich die Flexibilität von Holleriths elektrischen Maschinen allerdings zunehmend als Vorteil. Als der Zweite Weltkrieg ausbrach, wurden elektrische Schaltkreise noch wichtiger, und zwar nicht nur als Informationsträger, sondern auch als Methode, mit der sich Rechenoperationen mit hoher Geschwindigkeit durchführen ließen. Diese Eigenschaft ist zwar theoretisch nicht erforderlich, um eine Maschine als Computer bezeichnen zu können, in der Praxis ist sie jedoch unerlässlich.

Die dem auf Lochkarten basierenden Maschinensystem von Hollerith eigene Flexibilität führte zu zahlreichen Anwendungen, die über seine Verwendung während der amerikanischen Volkszählung hinausgingen. Um seine Erfindungen zu vermarkten, gründete Hollerith die Tabulating Machine Company. Sie wurde später mit anderen Unternehmen zur Computing-Tabulating-Recording Company (C-T-R) zusammengeschlossen. Im Jahr 1924 änderte der neue Direktor von C-T-R, Thomas Watson, den Namen des Unternehmens zu International Business Machines Corporation, dem heutigen IBM. 1927 erwarb die Remington Rand Corporation die rivalisierende Powers Accounting Machine Company. Diese beiden Unternehmen sollten schließlich das betriebliche Rechnungswesen für die nächsten vier Jahrzehnte dominieren.

Man weiß nicht, woher Hollerith die Idee bekam, Informationen in Form von in Karten gestanzten Löchern zu speichern, doch geht das Konzept ursprünglich nicht auf ihn zurück. Bereits Babbage schlug die Verwendung von Lochkarten zur Steuerung seiner Rechenmaschine vor. Er übernahm seinerseits die Idee von jenen Webstühlen, die der Franzose Joseph-Marie Jacquard (1752–1834) erfunden hatte. Dieser verwendete im 19. Jahrhundert Lochkarten, um die Webmuster von Stoffen zu steuern, indem einzelne Fäden gemäß dem vorgegebenen Muster selektiv angehoben wurden (Jacquard-Stoffe werden auch heute noch gewebt.). Jacquard-Webstühle waren zur Zeit Holleriths weit verbreitet, so dass er wahrscheinlich wusste, auf welche Weise sie durch Lochkarten gesteuert wurden. Es gibt allerdings einen entscheidenden Unterschied zwischen den Systemen von Jacquard und Hollerith: Jacquard verwendete Karten zur Steuerung, während Hollerith sie zur Speicherung von Daten verwendete. Später verwendeten dann auch IBMs Lochkartenanlagen Karten zu Steuerungszwecken. Es ist für das digitale Paradigma von grundlegender Bedeutung, dass Informationen in digitaler Form zur Speicherung, Steuerung und Berechnung verwendet werden können. Zu einem Verständnis dessen gelangte man allerdings erst Jahrzehnte später. Vor dem Zweiten Weltkrieg wurde die Steuerfunktion einer Lochkartenanlage von Menschen ausgeführt: sie trugen Kartenstapel von einem Gerät zum anderen, stellen an den Geräten Schalter ein oder steckten Kabel daran, um bestimmte Berechnungen durchzuführen, und lasen dann die Ergebnisse ab.

Das Konzept der automatischen Steuerung – der Vorgänger von dem, was wir heute als Software bezeichnen – ist eine dritte Komponente des Rechnereinsatzes und auch sie hat eine Geschichte, die sich bis in die Antike zurückverfolgen lässt. Jacquards Erfindung war die umgekehrte Version eines Gerätes, das schon seit Jahrhunderten zur Steuerung von Maschinen verwendet wurde: eines Zylinders, auf dem sich Stifte befinden, die Hebel in Bewegung setzen, während er sich dreht. Solche Zylinder wurden in mittelalterlichen Uhren verwendet, die beim Schlag jeder

Stunde komplizierte Bewegungen ausführten. Man findet sie auch in aufziehbaren Spielzeugen, zum Beispiel in Spieluhren. Die Rechenmaschine von Babbage sollte eine Reihe solcher Zylinder enthalten, um genauere Funktionsabfolgen ausführen zu können, wie es durch die Lochkarten vorgegeben war. Heute könnte man dies als die Mikroprogrammierung des Computers oder seinen ROM (Read-Only Memory*) bezeichnen. Die kontinuierliche Steuerung zahlreicher Maschinen, einschließlich der klassischen Automotoren, erfolgt über Nockenwellen, die die Bewegung anderer Teile des Motors auf genauestens festgelegte Weise lenken. Im Gegensatz zu Zylindern oder Nockenwellen können Lochkarten in beliebig großer Zahl gestapelt werden. Außerdem lässt sich, um die Maschine zur Bearbeitung eines speziellen Problems einzurichten, eine kleine Anzahl von Karten im Stapel austauschen. Die Webstühle von Jacquard verwendeten jedoch miteinander verbundene Karten, so dass sich eine Änderung der Steuerung nur schwer vornehmen ließ.

Steuerung, Speicherung, Berechnung, die Verwendung elektrischer oder elektronischer Schaltkreise: dies sind die Merkmale, die – wenn man sie kombiniert – zusammen einen Computer ausmachen. Wir fügen ihnen noch ein weiteres hinzu: Datenübertragung, die elektronische Weiterleitung kodierter Informationen über große Entfernungen.

* Festwertspeicher

Dieses fünfte Merkmal fehlte in den elektronischen Rechnern, die in den 1930er und 1940er Jahren gebaut wurden. Es war seit den 1960er Jahren die Zielvorstellung des ARPA*, den digitalen Computer als ein Gerät auszurichten, für das die Vernetzung wesentlich und die Datenübertragung somit ebenso wichtig war wie seine Rechen-, Speicher- und Steuerungsfunktion.

Die Ursprünge des elektronischen Fernschreibers und des Telefons sind wohl bekannt, doch ihre Beziehung zur Verwendung von Computern ist kompliziert. Im Jahr 1876 stellte Alexander Graham Bell der Öffentlichkeit ein Telefon vor: ein Gerät, das die menschliche Stimme mit Hilfe eines Kabels übertrug. Die Beziehung des Telefons zur Erfindung des Computers war eine indirekte. Computer funktionieren heute auf der Basis elektrischer Schaltkreise, die nur einen von zwei möglichen Zuständen zulassen. Um es in neuerer Terminologie auszudrücken: sie sind digital (wie oben beschrieben) und binär, d. h. sie verwenden ein Zahlensystem mit nur zwei verschiedenen Ziffern. Der Funktion des Telefons lag die Erzeugung der kontinuierlichen Änderung eines Stromflusses zugrunde, die auf der Stimme einer Person basierte, was in der gegenwärtigen Terminologie bedeutet, dass es ein analoges Gerät war. Ebenso wie das Wort *digital* war auch dieser Ausdruck vor den späten 1930er Jahren unbekannt, und es ist daher nicht ganz rich-

* Advanced Research Projects Agency, eine Forschungseinrichtung des Verteidigungsministeriums der USA.

tig, ihn in diesem Kontext zu verwenden. Geräte, die auf analoge Weise Berechnungen durchführen, waren einst weit verbreitet. So war etwa der Rechenschieber bis in die 1970er Jahre weithin in Gebrauch, bis er durch den Taschenrechner verdrängt wurde. Während der ersten Jahrzehnte des elektronischen Digitalrechners, der 1940er und 1950er Jahre, gab es Diskussionen über die beiden Methoden, wobei die analogen Geräte mehr und mehr in Vergessenheit gerieten. Obwohl die Natur auf elementare Weise kontinuierlich ist, wie es sich zum Beispiel in den unendlichen Variationen der menschlichen Stimme oder im Klang von Musikinstrumenten zeigt, hat sich das digitale Paradigma dennoch durchgesetzt, sogar in der Welt des Telefons. Während des Zweiten Weltkrieges entwickelten die Bell Telephone Laboratories eine Maschine, die Stimmensignale in einzelne Impulse übersetzte, kodierte und die Stimme dann am anderen Ende wiederherstellte – mit dem Ziel, abhörsichere Gespräche zwischen Franklin D. Roosevelt und Winston Churchill zu ermöglichen.[5] Hierbei handelte es sich zwar um eine Entwicklung nur zu diesem einen besonderen Zweck, dennoch wurden schließlich alle Telefongespräche auf diese Wiese verschlüsselt. Man bezeichnet diese Technik heute als Pulsecodemodulation. Sie wird weniger zu Geheimhaltungszwecken verwendet (obwohl das bei Bedarf möglich ist), als vielmehr deshalb, weil sich so die wesentlichen Vorteile der digitalen Elektronik nutzen lassen.

Bells erfolgreiche Verteidigung seines Patents und die anschließende Errichtung eines reichen, reglementierten Monopols mit dem Ziel, in den USA Telefondienste anzubieten, führte zu einer großzügigen finanziellen Unterstützung der Bell Telephone Laboratories, die Grundlagenforschung auf dem Gebiet der Informationsübertragung, in einem weit gefassten Sinne, durchführten. Die Rolle eines Mathematikers an den Bell-Laboratorien, diejenige von George Stibitz, wurde bereits erwähnt. Der Transistor wurde in den 1940er Jahren von einem Forscherteam an den Bell-Labs erfunden; zwei Jahrzehnte später entwickelte ein anderes Forscherteam der Bell-Labs das Betriebssystem Unix, um nur zwei der am bekanntesten Forschungserträge des Unternehmens zu erwähnen. Außerdem wurde in den Bell-Labs ein großer Teil der Theorie der Kodierung, Übertragung und Speicherung von Daten entwickelt.

Noch einmal: der moderne Computer ist das Ergebnis einer Konvergenz verschiedener Stränge der Informationsverarbeitung, von denen jeder seine eigene reiche Tradition technologischer Entwicklung hat. Jeder der bisher beschriebenen Ströme hat eine wichtige Rolle gespielt. Man könnte noch andere Vorläufer nennen, wie zum Beispiel die Entwicklung des Radios, des Films und der Fotografie. Die mechanischen Rechenmaschinen scheinen zwar an vorderster Front der Vorläufer zu stehen, doch war es das Hollerith-System von Lochkarten, in dessen Zentrum sich ein Gerät namens Tabelliermaschine befand, welches einen größeren Einfluss hatte. Neben der Tabelliermaschine setzte man zwei weitere wichtige Geräte ein: einen Locher, mit dem ein Anwender Daten eingeben konnte, und ein Sortiergerät, das Karten nach dem Vorhandensein oder Fehlen eines Lochs in einer gewünschten Spalte sortierte. Obwohl in den frühen Jahrzehnten des 20. Jahrhunderts einer typischen Installation des Hollerith-System noch weitere Geräte hinzugefügt wurden, waren dies seine wichtigsten Komponenten.

Von der Tabuliermaschine zum Computer, 1890–1945

Die Tabuliermaschine zeichnete auf, bei wie vielen Karten sich in jeder ihrer Spalten ein Loch befand. Die frühen Tabuliermaschinen hielten die Zahlen auf einer Scheibe fest, die dem Zifferblatt einer Uhr ähnelte. Später wurde dann ein gewöhnlicher Zähler verwendet. Obwohl man sich nur schwer vorstellen kann, dass eine solch grundlegende Funktion so wichtig sein konnte, dauerte es noch bis in die 1920er Jahre, bis auch andere Rechenfunktionen bereitgestellt wurden. Was die Tabuliermaschine so wichtig machte, war die Flexibilität ihrer Verwendungsweise, die auf der in verschiedenen Spalten eingestanzten Information beruhte. Dasselbe galt für die Art und Weise, auf die ihre Verwendung sich mit anderen Geräten – insbesondere dem Sortiergerät – kombinieren ließ, um etwas zustande zu bringen, was wir heute als fortgeschrittene Datenverarbeitung bezeichnen würden. Daten, die einmal in eine Karte eingestanzt waren, konnten auf vielfältige Weise verwendet und wiederverwendet werden. Es war dieser Raum voll verschiedener Geräte, den die frühen elektronischen Computer nachbildeten. Sein »Programm« wurde von Menschen ausgeführt, die Kartenstapel von einem Gerät zum anderen trugen und die Einstellungen der verschiedenen Maschinen änderten, während die Karten sie durchliefen.

Von Fall zu Fall kam es inner- und außerhalb des Arbeitsraums auch zur Übertragung von Daten. Das Bedienpersonal trug Daten in Form von Kartenstapeln von einer Maschine zu einer anderen. Mit Hilfe des elektrischen Fernschreibers wurden Daten empfangen und verschickt. Zu den ersten Anwendern von Lochkarten außerhalb der Regierung gehörten in den USA die Eisenbahnunternehmen. Zuvor hatten sie auch schon früh den Fernschreiber übernommen, denn sie waren die ersten größeren Unternehmen, deren Leiter betriebliche Aktivitäten über große geografische Bereiche hinweg koordinieren mussten. Die Wegerechte der Eisenbahnen wurden zum natürlichen Korridor für den Ausbau von Leitungen quer durch den Kontinent, und zwar in solchem Umfang, dass man glaubte, die eine Technik hätte ohne die andere nicht existieren können. Das ist zwar eine Übertreibung, aber sie kommt der Wahrheit nahe. Obwohl sich die Zeiten geändert haben, wird der moderne Internetverkehr über Land mit

Hilfe von Glasfaserkabeln übertragen, die häufig unterirdisch (nicht auf Masten) entlang von Eisenbahnstrecken verlaufen.

Fehlte ein Fernschreiber in der Installation eines Lochkartensystems, so wurden seine Informationen in die am jeweiligen Standort verarbeiteten Daten integriert. Die Mitarbeiter der Eisenbahn waren geschickt in der Verwendung des Morse-Codes und stolz darauf, die Punkte und Striche genau und schnell senden und empfangen zu können. Ihre Kollegen in der frühen kommerziellen und militärischen Luftfahrt taten dasselbe. Sie verwendeten den »kabellosen« Fernschreiber, wie man das Radio nannte. Was sich bei Eisenbahn und Luftfahrt bewährte, war jedoch bei anderen Unternehmen weniger erfolgreich. Unter den zahlreichen Erfindungen, die man Thomas Edison zuschrieb, befand sich auch ein Gerät, das über einen Fernschreiber empfangene Börsendaten auf einem Papierstreifen (»ticker tape«) ausdruckte, der seine englische Bezeichnung dem Geräusch verdankte, das er machte. Der physische Streifen wurde zwar durch elektronische Anzeigen ersetzt, doch wurden die knappen Symbole für die Aktien und die sich ständig ändernden Daten in das elektronische Zeitalter übernommen.[6] Um 1914 entwickelte Edward E. Kleinschmidt, der aus Deutschland in die USA immigriert war, eine Reihe von Maschinen, die die Tastatur und die Schreibfunktion einer Schreibmaschine mit der Fähigkeit der Nachrichtenübertragung über Kabel kombinierte.[7]

Das von ihm gegründete Unternehmen benannte sich 1928 in Teletype Corporation um und wurde zwei Jahre später von AT&T gekauft. AT&T, das Unternehmen mit dem Telefonmonopol, wurde nun zu einem Lieferanten von Geräten, die sowohl Text als auch gesprochene Sprache übertrugen (siehe Abbildung 1.1)

Der »Teletype« (der Name bezog sich auf das Gerät und das Unternehmen, das es herstellte) war nach heutigen Maßstäben primitiv: er war langsam, laut und verfügte – außer über die Großbuchstaben des Alphabets und die Ziffern 0 bis 9 – nur über wenige Symbole. Er ließ sich jedoch sehr gut verkaufen und stellte die Datenübertragungskomponente für alle anderen oben beschriebenen Informationsverarbeitungsgeräte bereit. Der Teletype fand seinen Platz neben anderen in Büros, von der Regierung und dem Militär verwendeten Datenverarbeitungsgeräten. Außerdem fand er Eingang in unsere Kultur. Radiosprecher lasen ihre Nachrichten gerne vor dem Hintergrundgeräusch eines Teletype-Gerätes vor, um so den Eindruck zu erwecken, dass sich ihre Meldungen auf dem allerneuesten Stand befanden.

Jack Kerouac seinerseits schrieb zwar das Manuskript seines Beatnik-Romans *Unterwegs** nicht auf eine Endlosrolle von Teletype-Papier, doch so lautet zumindest die Legende. In den 1970er Jahren modifizierten Hersteller von

* Originaltitle *On the Road*, erschienen 1957.

Abb. 1.1 Der Einsatz von Computern bei den Bell Laboratories. Sie wurden von George Stibitz entworfen und verwendeten modifizierte Telefonvermittlungsgeräte. (a) H. L. Marvin bedient eine spezielle Rechenmaschine der Bell Laboratories, die ein verändertes Teletype-Gerät verwendet, 1940. (b) Steuertafel eines Computers der Bell Laboratories, der dem Brandschutz dient, um 1950. (*Quelle:* Lucent/Alcatel Bell Laboratories)

kleinen Computern den Teletype, um einen kostengünstigen Terminal für ihre Geräte anzubieten. Bill Gates und Paul Allen, die Gründer von Microsoft, brachten ihre ersten Software-Produkte auf Rollen von Teletype-Streifen auf den Markt. Zu den wenigen zusätzlichen Symbolen auf der Tastatur eines Teletype gehörte das @-Zeichen, das 1972 als Trennzeichen zwischen der Emailadresse eines Anwenders und dem von ihm verwendeten Computersystem übernommen wurde. Demnach verdanken wir das Symbol des Internetzeitalters dem Teletype (siehe Abbildung 1.2).

Die Ankunft des elektronischen Computers

In den Geschäfts- und Regierungswelten der USA erlangten diese Systeme in den 1930er Jahren ihre maximale technische Reife, ironischerweise zu einer Zeit wirtschaftlicher Depression. Neben IBM und Remington Rand, die Lochkartengeräte anboten, lieferten Firmen wie National Cash Register (später NCR), Burroughs, Victor Adding Machine (später Victor Comptometer) und andere Rechenmaschinen Kassenautomaten, Abrechnungsmaschinen, Stechuhren, computerisierte Waagen (die den Preis von Waren nach Gewicht festsetzten), Vervielfältigungsmaschinen und elektronische Schreibmaschinen. Diese wurden durch Systeme ersetzt, die kaum mechanisiert, aber für den Informationsfluss unerlässlich waren: Kartenablagesysteme, standardisierte Formulare in mehreren Ausführungen mit Durchschlagpapier, Bestandsbücher mit losen oder gebundenen Blättern, und andere mehr.[8] Der Digitalcomputer stellte diese Welt auf den Kopf, doch geschah dies nicht über Nacht. Viele der hier erwähnten Firmen wurden Teil der kommerziellen Computerindustrie, wobei IBM, Remington Rand und Burroughs während der 1960er Jahre zu den größten Computerherstellern in den USA gehörten.[9]

Wie so häufig in der Geschichte der Technik kam der Digitalcomputer genau zu dem Zeitpunkt auf, als jenes System den Höhepunkt seiner Leistungsfähigkeit erreicht hatte, und trat an seine Stelle. Der Zeitraum intensivster Innovation fiel in den Zweiten Weltkrieg, doch bereits um die Mitte der 1930er Jahre waren die ersten Anzeichen einer Veränderung zu sehen. Rückblickend sind die Gründe dafür klar erkennbar. Die in den 1930er Jahren vorhandenen Systeme waren aus dem Gleichgewicht geraten. Die vielseitige Verwendbarkeit der Lochkarten, auf denen Daten gespeichert waren, die sich auf vielfältige Weise verwenden und wiederverwenden ließen, machten es erforderlich, dass die Anwender zunächst einen Plan für die zu erledigenden Aufgaben entwerfen und diesen dann ausführen mussten, indem sie die detaillierten Einzelfunktionen der Maschinen bedienten. Der menschliche Benutzer musste als Schnittstelle zu den Rechen- und Buchungsmaschinen und zu anderen Geräten und auch zu den nichtmechanisierten Strukturen des Papierflusses dienen, die Unternehmen und Regierungsbehörden eingerichtet hatten. So war zum Beispiel eine Karte mit 80 Spalten, trotz ihrer Flexibilität, wenig geeignet, die Adressdaten einer Person zu speichern oder auszudrucken. Daher benötigte eine Firma, die regelmäßig Rechnungen verschickte, eine andere Maschine, wie etwa den amerikanischen »Addressographen«: eine Metallplatte, auf der der Name und die Anschrift einer Person eingestanzt waren, und mit deren Hilfe sich Adressaufkleber ausdrucken ließen. Die Funktionsweise dieser beiden Technologien musste durch menschliche Anwender koordiniert werden.[10]

Für zahlreiche Probleme, insbesondere solche in den Natur- und Ingenieurwissenschaften, konnten die Bedienerin (da es sich bei diesen typischerweise um Frauen handelte) eines einfachen Comptometers oder einer einfachen Rechenmaschine die anstehenden Rechenaufgaben ziemlich schnell erledigen. Allerdings kam es auch vor, dass sie aufgefordert wurden, eine Abfolge von Arbeitsschritten auszuführen, wenn die Zwischenergebnisse positiv waren, und eine andere, wenn sie negativ ausfielen. Der Plan für die Aufgabe wurde im Voraus detailliert ausgearbeitet und der Bedienperson in schriftlicher Form übergeben. Lochkartengeräte verfügten außerdem über in ihre Arbeitsabläufe eingebaute Haltepunkte, die dem Bediener anzeigten, dass ein Kartenstapel zu entfernen und die Arbeit, je nach

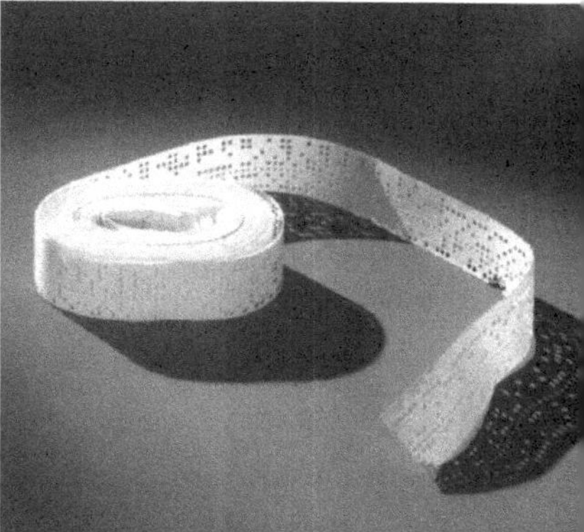

Abbildung 1.2 (links) Der Teletype ASR-33. Der Teletype verfügte nur über Großbuchstaben, Zahlen und ein paar Sonderzeichen. Im Jahre 1972 wählte Ray Tomlinson, ein Ingenieur bei Bolt Beranek und Newman in Cambridge, Massachusetts, das @-Symbol (Umschalttaste-p), um den Empfänger einer Emailadresse vom Host-Rechner zu trennen, an den die Nachricht adressiert war. Es ist zwischenzeitlich zum Symbol des Internetzeitalters geworden. (*Quelle:* Digital Equipment Corporation, jetzt Hewlett-Packard)
(rechts) Teletypes wurden als Ein-/Ausgabegeräte für die frühen Personalcomputer verwendet, bis kostengünstige Terminals verfügbar wurden. Dieses Stück Teletype-Streifen enthält ein Interpretierprogramm für die Programmiersprache BASIC, Microsofts erstes Produkt. (Dank an die Smithsonian Institution)

dem Zustand der Maschine, in eine andere Richtung fortzusetzen war. Für Personen, die an einigen dieser Arbeitsplätze – zum Beispiel in Sternwarten, in denen die Daten von Beobachtungen mit Teleskopen zusammengefasst wurden – tätig waren, wurde in der englischsprachigen Welt die Tätigkeitsbezeichnung »Computer« verwendet. In *Webster's New World Dictionary* fand man diese Definition noch bis zur Ausgabe von 1970. Von den menschlichen »Computern«, die allein über die Fähigkeit verfügten, während ihrer Arbeit eine Reihe von Arbeitsschritten gezielt durchzuführen, wurde das Wort *Computer* dann auf eine Maschine übertragen.

Ein zweiter Grund dafür, dass die Systeme der 1930er Jahre den an sie gestellten Erwartungen nicht länger entsprachen, tauchte während des Zweiten Weltkriegs auf: die Notwendigkeit Aufgaben mit höherer Geschwindigkeit zu erledigen. Die Systeme der 1930er Jahre setzten zur Weiterleitung von Signalen, zur Datenübertragung zwischen Geräten und zur Kommunikation über große Entfernungen die Elektrizität ein. Die Kommunikation mit einem Fernschreiber erfolgte zwar mit hoher Geschwindigkeit, doch Berechnungen wurden nur mit mechanischen Geschwindigkeiten ausgeführt. Diesen wurden durch die Gesetze Newtons, welche die Geschwindigkeit zur Energie in Beziehung setzen, die man benötigt, um ein Stück Metall zu bewegen, eine Obergrenze gesetzt. Mit der zunehmenden Komplexität der Probleme rückte das Bedürfnis nach schnelleren Arbeitsabläufen mehr und mehr in den Vordergrund, insbesondere bei Kriegsanwendungen, wenn es darum ging, den Verschlüsselungscode der Nachrichten des Feindes zu knacken oder die Flugbahn von Sprengkörpern zu berechnen. Hohe Geschwindigkeiten ließen sich nur erreichen, indem man eine andere Erfindung des frühen 20. Jahrhunderts modifizierte: die Vakuumröhre, die für Radio- und Fernsehanwendungen entwickelt worden war. Diese Änderungen erwiesen sich als kompliziert, und der Austausch mechanischer Teile gegen Röhren führte zu einer ganzen Reihe neuer Probleme. Doch dank der Verwendung der Elektrizität war den Berechnungen durch Newtons Gesetze keine Grenze mehr gesetzt, so dass Rechen- und andere Computeraufgaben nun annähernd mit Lichtgeschwindigkeit ausgeführt werden konnten.

Diese einschränkenden Faktoren, die der automatischen Steuerung und den elektronischen Geschwindigkeiten im Wege standen, waren – in den Worten von Thomas Hughes – »umgekehrte Vorsprünge«: Hindernisse, die dem umfassenden, reibungslosen Fortschritt der Informationsverarbeitung im Wege standen (der Ausdruck* stammt aus der militärischen Strategie des Zweiten Weltkrieges).[11] Lösungen tauchten gleichzeitig an verschiedenen Orten auf, beginnend etwa um 1936. Während des Zweiten Weltkrieges wurde diese Arbeit zügiger fortgesetzt, wenn auch hin-

* Im Original: »reverse salients«

ter dem Vorhang der Geheimhaltung, der in mancher Beziehung die Vorteile, die die Erfinder des Computers der Verfügbarkeit finanzieller Mittel und menschlicher Ressourcen verdankten, wieder verringerte.

2

DIE ERSTEN COMPUTER, 1935–1945

Im Sommer des Jahres 1937 war Konrad Zuse ein 27 Jahre alter Maschinenbauingenieur, der bei dem Flugzeughersteller Henschel in Berlin arbeitete. Unter der Herrschaft der Nationalsozialisten rüstete Deutschland schnell auf, obwohl sich Zuse daran erinnerte, dass weder er selbst noch die anderen jungen Ingenieure, seine Kollegen, den Krieg und die Zerstörung voraussahen, die zwei Jahre später über sie hereinbrechen sollten. Er war mit langweiligen Berechnungen beschäftigt, in denen es um die Entwicklung von Flugzeugen ging. In seiner Freizeit begann er an einer mechanischen Rechenmaschine zu arbeiten, die diesen Prozess automatisieren sollte. Zuse war einer von mehreren Ingenieuren, Wissenschaftlern und Astronomen in Europa und den USA, die in dieselbe Richtung nach Lösungen suchten, während sie mit den Grenzen der vorhandenen Rechenmaschinen kämpften. Im Juni 1937 machte er einen bemerkenswerten Eintrag in sein Tagebuch. Er schrieb, dass er sich schon seit einem Jahr mit dem Konzept eines mechanischen Gehirns beschäftige. Er habe entdeckt, dass es elementare Operationen gebe, in die sich sämtliche arithmetischen und gedanklichen Prozesse zerlegen ließen. Für jedes zu lösende Problem müsse es ein spezielles Gehirn geben, das es so schnell wie möglich lösen könne.[1] Zuse war Maschinenbauingenieur. Für die von ihm geplante Rechenmaschine entschied er sich für ein binäres, auf 2 Ziffern basierendes Zahlensystem, da er als Ingenieur die wesentlichen Vorteile von Schaltern oder Hebeln erkannte, die sich statt in 10 nur in 2 möglichen Positionen befinden konnten. Während er jedoch einen Plan dafür entwarf, hatte er eine Einsicht, die für das folgende Digitalzeitalter von grundlegender Bedeutung war: er erkannte, dass die Operationen des Rechnens, Speicherns, der Steuerung und Übertragung von Informationen, die sich bis dahin auf getrennten Bahnen entwickelten, in Wirklichkeit identisch waren. Insbesondere ließ sich die Steuerfunktion, die bis 1937 noch weniger mechanisiert worden war als die der anderen Funktionen, auf eine Frage der (binären) Arithmetik reduzieren. Das war die Grundlage für seine Verwendung der Ausdrücke *mechanisches Gehirn* und *Gedankenprozesse*, die zur damaligen Zeit unerhört geklungen haben müssen. Auch heute noch erntet man verdutzte Blicke, wenn man diese Ausdrücke verwendet, doch mit jedem neuen Fortschritt der digitalen Technologie scheinen sie zunehmend weniger ungewöhnlich. Zuse erkannte, dass es ihm möglich sein würde, mechanische Geräte zu entwerfen, die sich so flexibel umbauen lassen würden, dass sich eine Vielfalt von Problemen damit lösen lassen würde: wobei einige mehr Berechnungen und andere mehr Speicher verlangten, obwohl jedes von ihnen einen unterschiedlichen Grad automatischer Steuerung erforderte. Er fasste, kurz gesagt, den Gedanken einer Universalmaschine. Mit seiner jüngsten Verkörperung sind wir wohl vertraut: mit dem Palmtop-Gerät, mit dem man, dank zahlreicher, als »Apps« bezeichneter Programme von Drittherstellern, fast alles machen kann: rechnen, spielen, Filme anschauen, Fotos machen, die eigene Position auf einer Karte finden, Musik aufnehmen und abspielen, Texte senden und verarbeiten – und, nebenbei bemerkt, auch telefonieren (siehe Abbildung 2.1).

Zuse konnte sich daran erinnern, seine Entdeckung gegenüber einem seiner früheren Mathematikprofessoren erwähnt zu haben, nur um gesagt zu bekommen, dass die Theorie, von der er glaubte, sie erfunden zu haben, bereits von dem berühmten Göttinger Mathematiker David Hilbert und seinen Studenten ausgearbeitet worden war.[2] Doch das entsprach nur zum Teil der Wahrheit: Hilbert hatte eine Beziehung zwischen der Arithmetik und der binären Logik herausgearbeitet, doch hatte er diese Theorie nicht auf den Entwurf einer Rechenmaschine ausgeweitet. Der Engländer Alan M. Turing (1912–1954) hatte genau das getan, und zwar in einem 36-seitigen Aufsatz, der ein Jahr zuvor (1936) in den *Proceedings of the London Mathematical Society* veröffentlicht worden war.[3] (Zuse wurde erst Jahre später auf Turings Aufsatz aufmerksam; von Babbage erfuhr er erst, als er ein deutsches Patent beantragte und ihn der Prüfer seines Patents über die früheren Arbeiten von Babbage informierte.) Obwohl Zuse also den mutigen Schritt wagte, die theoretische Mathematik in das Design einer mechanischen Rechenmaschine einzuführen, unternahm Turing den entgegengesetzten, aber ebenso mutigen Schritt: er verwendete erstmals den Begriff einer »Maschine« in einer Fachzeitschrift für theoretische Mathematik. In seinem Aufsatz beschrieb Turing eine theoretische Maschine, die helfen sollte ein Problem zu lösen, das kein Geringerer als Hilbert um die Wende zum 20. Jahrhundert vorgelegt hatte.[4] Die Lösung eines dieser Probleme sicherte Turing einen Platz unter den besten Mathematikern seiner Zeit.

Seine Lösung wurde zwar von Mathematikern bewundert, doch war es die Konstruktion seiner »Maschine«, was Turing zu einem der Gründungsväter des Digitalzeitalters machte. Ich habe das Wort in Anführungsstriche gesetzt, weil Turing keine Hardware hergestellt hat. Er beschrieb in seinem Aufsatz eine rein hypothetische Maschine. Man kann die Funktionsweise einer Turing-Maschine auf einem modernen Rechner simulieren, allerdings nur in eingeschränktem Sinne: Turings Maschine hatte einen Speicher

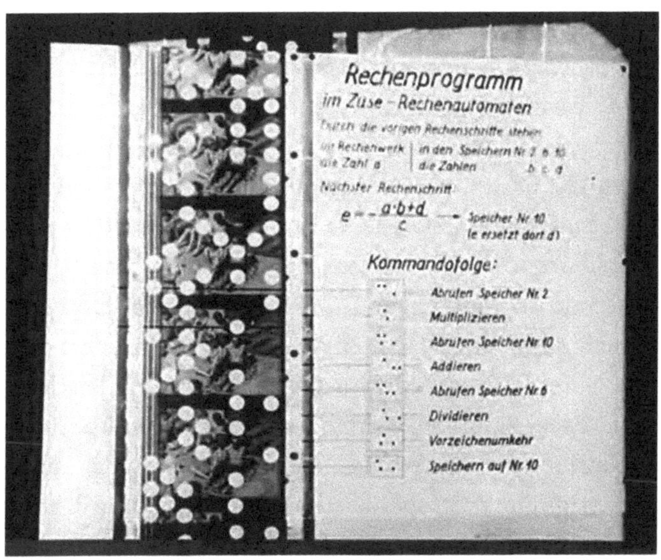

Abbildung 2.1 Von Konrad Zuse etwa um 1944 mit Hilfe eines alten Filmstreifens erstellte Programme für einen Computer. Zuses programmgesteuerte Rechenmaschinen waren möglicherweise die erste Verwirklichung von Babbages Vision einer automatischen Rechenmaschine. Die meisten Arbeiten von Zuse wurden während des Zweiten Weltkrieges zerstört, doch eine seiner Maschinen hat überlebt und war bis in die 1950er Jahre in Gebrauch. (Bildnachweis: Konrad Zuse)

von unendlicher Kapazität. Turing beschrieb ihn als Band von beliebiger Länge, auf das Symbole geschrieben und von dem sie wieder gelöscht oder gelesen werden konnten. Wie dem auch sei; die von ihm beschriebene Maschine und die Methode, nach der sie programmiert wurde, um ein Problem zu lösen, waren jedenfalls die erste theoretische Beschreibung der Grundeigenschaft von Computern. Das heißt: ein Computer kann zur Ausführung einer fast unbegrenzten Bandbreite von Funktionen programmiert werden, sofern Menschen formale Methoden zur Beschreibung dieser Funktionen entwickeln können. Die klassische Definition einer *Maschine* ist die eines Gerätes, das auf eine einzige Funktion spezialisiert ist. Im Gegensatz dazu ist ein Computer eine Universalmaschine, deren Anwendungsmöglichkeiten ihre Schöpfer nach wie vor überraschen. Turing formalisierte, was Zuse aus der Sicht eines Ingenieurs erkannt hatte. Lädt man ein passendes Programm darauf, so wird ein Allzweck-Computer – in Zuses Worten – zu einem »Gehirn zur Lösung einer bestimmten Aufgabe«, das eine einzige Funktion hat: diejenige, die es nach dem Wunsch des Programmierers haben soll.[5]

Um die Mitte der 1930er Jahre, als man anfing Maschinen zu entwerfen, die eine Reihe von Operationen durchführen konnten, begann man die früheren Arbeiten von Babbage wiederzuentdecken. Tatsächlich waren sie nie verloren gegangen. Beschreibungen von Babbages Entwürfen hatte man veröffentlicht, und sie waren in Forschungsbib-

V E R L A G S H A U S   R Ö M E R W E G

BUP CORSO EDITION ERDMANN WALDEMAR KRAMER MARIX WEIMARER VERLAGSGESELLSCHAFT

Diese Karte entnahm ich dem Buch:

____

☐ Bitte senden Sie mir Ihr Büchermagazin.

☐ Bitte informieren Sie mich über Ihre Neuerscheinungen.

☐ Ja, ich möchte Ihren Newsletter erhalten.

Alle Informationen unter www.verlagshausroemerweg.de

bup
BERLIN UNIVERSITY PRESS

Absender

Name, Vorname

Straße, Nr.

Plz, Ort

Telefonnummer *

Faxnummer *

E-Mail *

Unterschrift

* freiwillige Angabe

Für Ihre schnelle Anfrage:
info@verlagshausroemerweg.de

Bitte ausreichend frankieren

Rückantwort

Verlagshaus Römerweg GmbH
Römerweg 10
D-65187 Wiesbaden

liotheken verfügbar. Fragmente seiner Maschinen waren in Museen aufbewahrt worden. Da es Babbage nicht gelungen war, einen Allzweck-Computer fertigzustellen, zogen viele daraus allerdings den Schluss, dies sei nicht realisierbar. Babbage war mit seinen Arbeiten nicht weit genug vorangekommen, um die Theorien vorauszuahnen, die Turing und später John von Neumann entwickeln würden. Das Konzept der Universalität einer programmierbaren Maschine hat er jedoch antizipiert. In einem 1864 veröffentlichten Erinnerungsbuch (das viele Jahre lang vergriffen und nur schwer zu finden war) macht Babbage folgende Bemerkung: »So scheint es daher, dass die Gesamtheit der Bedingungen, die es einer *endlichen* Maschine ermöglichen, Berechnungen von *unendlichem* Umfang durchzuführen, in der Rechenmaschine verwirklicht sind. [...] Ich habe die Unendlichkeit des Raumes, die von den Bedingungen des Problems gefordert war, in die Unendlichkeit der Zeit umgewandelt.«[6]

Einer Zeitgenossin von Babbage, Ada Augusta, gelang in Anmerkungen, die sie zu einer italienischen Beschreibung der Maschine von Babbage schrieb, dieselbe Einsicht. Aus diesem Grund wird Augusta manchmal als die »erste« Programmiererin der Welt bezeichnet, doch ist das eine Übertreibung ihres Beitrags. Dennoch verdient sie Anerkennung dafür, erkannt zu haben, dass eine programmierbare Universalrechenmaschine etwas wesentlich anderes ist als die Geräte, die einem bestimmten Zweck dienen, und die man herkömmlicherweise mit dem Wort *Maschine* bezeichnete. Man kann nur darüber spekulieren, wie sie, wäre Babbage in seiner Arbeit weitergekommen, dieses Prinzip ausgearbeitet hätte.

Um die Mitte der 1930er Jahre kam es zwar zu einer Wiederbelebung des Interesses an solchen Maschinen, doch dauerte es noch weitere 20 Jahre, ehe die von der Hardware durchführbaren Operationen eine Stufe erreicht hatten, auf der diese theoretischen Eigenschaften relevant werden konnten. Bis etwa 1950 war es eine große Leistung, wenn man es schaffte, dass ein elektronischer Computer auch nur für wenige Stunden fehlerfrei funktionierte. Dennoch war Turings Einsicht bedeutsam.[7] Gegen Ende der 1940er Jahre, nachdem die ersten, auf improvisierten Designs basierenden Maschinen zu funktionieren begannen, gab es zwischen Ingenieuren und Mathematikern lebhafte Diskussionen über Computerdesign. Aus diesen Gesprächen ging ein Konzept hervor, das sogenannte »Prinzip der Speicherprogrammierung«, das Turings Ideen in das Design anwendungsorientierter Maschinen übernahm. Das Prinzip wird normalerweise dem ungarischen Mathematiker John von Neumann (1903–1957) zugeschrieben. Allerdings erfolgte von Neumanns Beschreibung des Prinzips erst nach enger Zusammenarbeit mit den amerikanischen Ingenieuren J. Presper Eckert und John Mauchly an der Universität von Pennsylvania. Außerdem kannte von Neumann Turings Arbeit mindestens seit 1938.[8] Moderne

Computer speichern sowohl ihre Befehle – die Programme – als auch die Daten, auf die diese Befehle im selben physischen Speicher angewendet werden, ohne dass sich eine physische oder aus dem Design des Computers resultierende Barriere zwischen ihnen befindet. Diese Funktionsweise der Computer hat praktische Gründe: jede Anwendung erfordert möglicherweise für beide eine andere Speicherzuordnung, so dass eine vorherige Aufteilung des Speichers nicht ratsam wäre. Ihre Funktionsweise hat außerdem auch theoretische Gründe: Programme und Daten werden von den Mechanismen der Computer gleich behandelt, weil Programme und Daten im Grunde identisch *sind*.

Zuse baute schließlich mehrere Computer, die für die Rechen- und Speicherfunktion eine Mischung aus mechanischen und elektromechanischen Elementen (z. B. Telefonrelais) verwendeten. Zur Codierung einer Operationsfolge verwendete er in Streifen ausrangierter Filme gestanzte Löcher. Sein dritter Rechner, der 1941 fertiggestellte Z3, war der erste, der den Traum von Babbage Wirklichkeit werden ließ. Außerhalb von Deutschland war von seiner Existenz bis spät nach Ende des Krieges kaum etwas bekannt, doch erhielt Zuse schließlich Anerkennung für seine Arbeit, und zwar nicht nur für die Konstruktion seines Rechners, sondern auch für seine Arbeit zum theoretischen Verständnis dessen, was ein Computer sein sollte. Die weitere Entwicklung des Computers vollzog sich nun allerdings in den USA, obwohl man in Großbritannien einen Vorsprung hatte. Die frühen amerikanischen Computer wurden ohne viel theoretisches Verständnis entworfen. Das Konzept, den Entwurf eines Computers auf die Prinzipien formaler (mathematischer) Logik zu gründen, sei es diejenige Booles, Hilberts oder eine andere, wurde erst in den frühen 1950er Jahren übernommen, als kalifornische Raumfahrtunternehmen begannen, Digitalcomputer für die speziellen Erfordernisse ihrer Industrie zu bauen.

Zusammen mit Zuse begannen in den späten 1930er Jahren andere Mathematiker, Astronomen und Ingenieure ähnliche Anstrengungen zu unternehmen. Einige von ihnen übernahmen zur Codierung einer Operationsfolge, die ein entsprechender Steuermechanismus lesen und an einen Rechenmechanismus übertragen konnte, Lochkarten oder perforierte Papierstreifen – Abwandlungen vorhandener Speichermedien von Teletype oder IBM.[9] Viele verwendeten IBM-Tabuliermaschinen oder Telefonschaltgeräte, die Signale zwar mit hoher Geschwindigkeit übertrugen, jedoch mit geringer Geschwindigkeit mechanisch berechneten. Andere Projekte verwendeten zur Durchführung der eigentlichen Rechenvorgänge Vakuumröhren, wodurch sich die Gesamtgeschwindigkeit der Berechnungen um einen Faktor von mehreren Hundert oder noch mehr erhöhte. Aus diesen späteren Experimenten ging der moderne elektronische Digitalcomputer hervor. Allerdings müssen die frühen Versuche, Berechnungen elektronisch durchzuführen, im Zusammenhang mit dem Versuch gesehen werden, eine Antwort auf die Frage zu finden, wie man das Verfahren zur Lösung eines Problems automatisieren kann.

Von den zahlreichen Projekten, die in dieser Ära begonnen wurden, habe ich nur einige wenige genannt. Ich habe sie weniger deshalb ausgewählt, weil sie das erste einer bestimmten Art darstellten, als vielmehr deshalb, weil sie die vielen verschiedenen Herangehensweisen an das Problem veranschaulichen. Zudem ging aus diesen eine Konfiguration hervor, die durch alle Fortschritte der zugrundeliegenden Technologie bis in dieses Jahrhundert hinein überlebt hat.

Im Jahre 1934 gründete Wallace Eckart an der Columbia Universität von New York ein Labor, in dem er IBM-Geräte verwendete, um mit seinen astronomischen Forschungen in Zusammenhang stehende Berechnungen durchzuführen. Hierzu gehörte auch eine umfangreiche Studie zur Bewegung des Mondes, die sich auf die frühere Verwendung von Lochkarten durch den britischen Astronomen L. J. Comrie stützte. Die beiden Astronomen verwendeten die Maschinen, um Berechnungen durchzuführen, für die die Maschinen nicht gedacht waren. Sie nutzten ihre Fähigkeit, mathematische Tabellen als Stapel von Lochkarten zu speichern, die immer wieder verwendet werden konnten, ohne dass dabei Transkriptionsfehler vorkamen, zu denen es kommen konnte, wenn gedruckte Tabellen abgelesen wurden.[10] Zunächst modifizierte Eckert diese Geräte nur geringfügig, doch in den folgenden zehn Jahren arbeitete er mit IBM zusammen, um Maschinen zu entwickeln, die Kabel und Schalter verwendeten, die von Karten gesteuert wurden, auf denen nicht Daten, sondern Befehle eingestanzt waren. Im Prinzip übernahmen diese Kabel und Schalter genau dieselben Aktionen, die das Bedienpersonal in den auf Lochkarten basierenden Rechenzentren der 1930er Jahre ausgeführt hatte.[11]

Während Eckert an der Columbia Universität war, ergab sich für Howard Aiken, einen Physikassistent an der Harvard Universität, ein ähnlicher Bedarf an Rechengeräten. Er entwarf einen Plan für eine Maschine, die eine Abfolge von Aufgaben direkt so berechnen würde, wie es von einem langen Streifen perforierten Papiers vorgegeben wurde. Aikens Maschine lag damit mehr auf der Linie der Pläne von Babbage, und tatsächlich erkannte Aiken die frühere Arbeit von Babbage auch ausdrücklich an. Gegen Ende der 1930er Jahre konnte Aiken die Vorteile der elektrischer Schalttechnologie ebenso nutzen wie die große mechanische Geschicklichkeit, die man bei IBM entwickelt hatte. Der Plan von Aiken, den er 1937 formulierte, beschrieb in allen Einzelheiten, warum er der Meinung war, dass die vorhandenen Lochkartenmaschinen, selbst die modifizierten, seinen Anforderungen nicht genügen würden.[12] Zwar hatte Eckert eine solche Spezialrechenmaschine in Erwägung gezogen, jedoch davon Abstand genommen, sie bauen zu lassen, weil er glaubte, dass ein solches Gerät sehr teuer sein und es mehrere Jahre dauern würde, es zu bauen. Eckert hatte Recht: obwohl Aikens Plan als »Automatic Sequence Controlled Calculator« realisiert wurde – er wurde 1944 in Harvard öffentlich enthüllt –, nahmen seine Planung und seine Herstellung (in IBMs Endicott-Laboratorien in New York) mehrere Jahre in Anspruch; und er wäre nicht gebaut worden, hätte nicht ein Weltkrieg getobt und wäre Aiken von der US Marine nicht finanziell unterstützt worden.[13]

Das Aufkommen der Elektronik

Sämtliche beschriebenen Maschinen verwendeten zur Signalübertragung Elektrizität, doch keine von ihnen verwendete elektrische Geräte zur Durchführung der eigentlichen Berechnung. Zu den ersten, die diesen wesentlichen Schritt um etwa 1938 unternahmen, gehörte J. V. Atanasoff, ein Physikprofessor am Iowa State College in Ames. Er gelangte an diesen Punkt durch eine Untersuchung der Methoden, mit denen sich die Lösung umfangreicher Systeme linearer algebraischer Gleichungen mechanisieren ließen. Solche Gleichungen ergeben sich in vielen Bereichen der Physik und verwandter Wissenschaften. Die Gleichungen selbst waren relativ einfach: »linear« bedeutete, dass sie eine gerade Linie ergaben, wenn man sie grafisch darstellte. Äußerst verblüffend an diesem Problem war die Tatsache, dass eine Lösungsmethode für das System mindestens seit hundert Jahren bekannt und mathematisch beschrieben worden war, und dass die Methode als einfache Folge von Arbeitsschritten geschrieben werden konnte. Mit anderen Worten: das Verfahren zu ihrer Lösung war ein *Algorithmus* – eine Methode, die eine Lösung garantierte, wenn man sie befolgte. Die Lösung eines umfangreichen Systems machte jedoch viele solcher Schritte erforderlich, und ab einer bestimmten Grenze der Komplexität wurde ihre Durchführung für Menschen unpraktisch. Was benötigt wurde, war erstens eine Methode, mit der man Rechenaufgaben schneller lösen konnte, als dies mit mechanischen Rechenmaschinen möglich war, und zweitens eine Methode zur Durchführung der Abfolge einfacher Schritte, die eine Lösung ergab.

Um das erste dieser Probleme in Angriff zu nehmen, kam Atanasoff auf die Idee, Vakuumröhren zu verwenden. Wie sein Zeitgenosse Zuse sah auch er die Vorteile, die die Verwendung des binären Systems der Arithmetik bringen würde, da es die Herstellung der Rechenschaltkreise wesentlich vereinfachen würde. Allerdings übertrug er diese Einsicht nicht auf die Verwendung einer binären Logik für die Steuerung der einzelnen Abläufe. Atanasoffs Maschine war dafür gebaut, Systeme linearer Gleichungen zu lösen, und sie konnte nicht programmiert werden, um irgendetwas anderes zu tun. Die vorgeschlagene Maschine würde über eine feststehende Abfolge von Abläufen verfügen, die in eine rotierende Trommel kodiert waren.[14]

In einem Antrag, den er 1940 schrieb, um Unterstützung für ein Projekt zu erhalten, beschrieb Atanasoff eine Maschine mit Vakuumröhren, die mit hoher Geschwindigkeit Berechnungen ausführte. Er erwähnte, dass er »analoge« Techniken zwar erwogen, sie aber zugunsten einer direkten Berechnung verworfen habe. (Wahrscheinlich ist dies der Ursprung des Ausdrucks *analog* in der modernen Computerterminologie.) Mit finanzieller Unterstützung des Iowa State College und technischer Unterstützung von Clifford Berry, eines Kollegen, stellte er 1942 einen Prototyp fertig, der funktionierte, auch wenn er launenhaft und auf seine Funktion noch kein Verlass war. In diesem Jahr verließ er Iowa und zog in die Nähe von Washington DC. Dort verpflichtete man ihn zum Militärdienst, um für die Marine an kriegswichtigen Problemen zu arbeiten. Während der Ausbruch des Zweiten Weltkrieges für einige Computerpioniere große Geldsummen und technische Ressourcen verfügbar machte, stand der Krieg anderen im Weg. Atanasoff stellte seine Maschine nie fertig. Wäre sie fertig gestellt worden, hätte dies das Computerzeitalter 10 Jahre früher eingeleitet, als es begann. Auch Howard Aiken wurde von der Marine von seiner zivilen Arbeit abberufen, doch zu seinem Glück waren die Ingenieure von IBM und die Mitarbeiter von Harvard mit dem Bau seines »Sequence Controlled Calculators« fast fertig. In Berlin erfuhr Zuse von den früheren Arbeiten von Babbage, und dort studierte er die internationalen Bemühungen um die Entwicklung der mathematischen Logik, doch nach 1940 arbeitete er allein und er fand es schwer, zur Fortsetzung seiner eigenen Anstrengungen qualifizierte Arbeitskräfte und Geld zu bekommen.

Führte der Beginn des Krieges dazu, dass Atanasoffs Versuche, Vakuumröhren zu verwenden, behindert wurden, so hatte er in Großbritannien die umgekehrte Wirkung. Dort waren seit 1944 in Bletchley Park, einem Landgut in Buckinghamshire nordwestlich von London, mehrere Exemplare einer als »Koloss« bezeichneten Maschine in Betrieb. Einzelheiten über den Koloss, ja sogar über seine Existenz, blieben bis in die 1970er Jahre ein wohlgehütetes Geheimnis. Einige Informationen über seine Funktionsweise und Verwendung sind auch heute noch geheim, obwohl nach einer der ersten, mit großer Neugier aufgenommenen Mitteilungen, die darüber bekannt wurden, Alan Turing daran beteiligt war. Die Arbeiten in Bletchley Park nehmen in der Geschichte des Computers einen merkwürdigen Platz ein. In den 1970er Jahren waren bereits mehrere Bücher zu diesem Thema erschienen, und sie gaben ein Muster für die anschließende historische Forschung vor. Dieses Muster betonte Rechenvorgänge: eine Abstammungslinie von Babbage, den Lochkartengeräten und den in den 1930er und 1940er Jahren gebauten Rechenmaschinen. Der Koloss verfügt, wenn überhaupt, dann nur über eine geringe Rechenfähigkeit. Es war eine Maschine zur Verarbeitung von Text. Angesichts der überwältigenden Dominanz von Texten auf den heutigen Computern und im modernen Internet, würde man vermuten, der Koloss werde stärker gelobt, als es tatsächlich der Fall ist. Er wurde zum einen deshalb nicht stärker angepriesen, weil er unter den Computern der Ära der 1940er Jahre insofern einzigartig war, dass er keine Berechnungen durchführte, was durch die Definition des Wortes *Rechner* unterstellt wird. Zu der Zeit, als Einzelheiten über den Koloss bekannt wurden, war die Vorstellung, es habe so etwas wie die »ersten« Computer gegeben, unter den Historikern (zu Recht) in Misskredit geraten. Der Koloss arbeitete mit elektronischer Geschwindigkeit, verwendete zur Speicherung und Verarbeitung von Daten Vakuumröhren, seine Schaltkreise waren binär, d. h. sie besaßen nur zwei erlaubte Zustände, und sie nutzten die Fähigkeit, den Regeln der formalen Logik zu folgen.[15]

Der Koloss war nicht der einzige in Bletchley verwendete Computer. Eine andere Maschine, die »Bombe«, verwendete mechanische Räder und elektrische Schaltkreise, um deutsche Nachrichten zu dekodieren, die mit der Enigma-Maschine verschlüsselt worden waren. Die Bomben waren das Ergebnis einer interessanten Zusammenarbeit zwischen den Mathematikern in Bletchley und den Ingenieuren der amerikanischen Firma National Cash Register in Dayton, Ohio, wo ein Großteil der Hardware hergestellt wurde. Die Enigma-Maschine glich einer tragbaren Schreibmaschine, und die Deutschen verwendeten sie zum Verschlüsseln von Texten, in dem sie geschriebene Zeichen durch eine Reihe von Rädern schickten, bevor sie sie sendeten. Die Bomben waren in gewisser Hinsicht Enigma-Maschinen, die umgekehrt arbeiteten. Sie verfügten über Sätze von Rädern, die mögliche Codekombinationen testeten. Im Gegensatz dazu versuchte der Koloss von den Deutschen elektronisch verschlüsselte Nachrichten mithilfe einer deutschen Version des Teletype zu entschlüsseln. Man könnte sagen, die Bomben seien Geräte gewesen, deren Funktion diejenige der Enigma umkehrte, während es sich bei den Kolossi um Proto-Computer handelte, die programmiert waren, Teletype-Verkehr zu dekodieren.

Die Arbeit in Bletchley verkürzte den Krieg und hat vielleicht sogar einen Sieg der Nazis in Westeuropa verhindert. Zwar schränkte das Erfordernis der Geheimhaltung diejenigen ein, die diese Maschinen bauten und verwendeten; aber es hinderte sie nicht daran, ihr Wissen auf den kommerziellen Sektor zu übertragen. Die Briten gründeten eine Computerindustrie. Viele von denen, die in Bletchley gearbeitet hatten, waren in dieser Industrie aktiv und leisteten unter anderem Pionierarbeit in der Vermarktung von Computern für geschäftliche und kommerzielle Zwecke. Doch wurde die Übertragung der Technologie in die kommerzielle Welt dadurch behindert, dass der Wert der Kryptographie für die nationale Sicherheit mit dem Jahr 1945 nicht endete. Sie ist gegenwärtig von ebenso kritischer Bedeutung, und so geheim, wie jemals zuvor.

Die Exemplare des Kolosses wurden zwar am Ende des Krieges zerstört, doch selbst wenn dies nicht der Fall gewesen wäre, gab es keine einfache Möglichkeit, eine kommerzielle Version von ihnen herzustellen. In den USA war die Übertragung der Computertechnologie aus der Kriegs- in die Friedenszeit erfolgreicher, obwohl National Cash Register seine Erfahrung aus dem Bau der Bomben nicht dazu nutzte, die Technik seiner Geschäftsmaschinen voranzubringen. Nach dem Krieg verwendeten amerikanische »Code-Knacker«, die für die Marine arbeiteten, ihre Erfahrung, um einen elektronischen Computer zu bauen, der später von der in Minneapolis ansässigen Firma Engineering Research Associates vermarktet und kommerziell verkauft wurde. Der ERA 1101 war ein elektronischer Allzweckrechner, bei dessen Vermarktung keine Geheimnisse darüber preisgegeben wurden, wie man ihn wohl hinter dem Vorhang der Verschwiegenheit eingesetzt haben mochte. In den USA konzentrierte sich diese Arbeit auf die NSA (National Security Agency), deren Hauptsitz sich in Fort Meade in Maryland befindet. Die ERA-Computer waren nicht das einzige Beispiele eines Technologietransfers aus der geheimen Welt der Code-Entschlüsselung. Trotz der Geheimhaltungsauflage hat die NSA Beschreibungen ihrer frühen Arbeit auf dem Gebiet der Computerentwicklung veröffentlicht, die ausreichen, um zu zeigen, dass sie sich in der Anfangsphase an vorderster Front der Forschung befand.[16] Wir wissen nicht, wo sie heute steht, oder wie ihre Bemühungen – beispielsweise mit den aktuellen Arbeiten zur Textanalyse – verzahnt sind, die gleichzeitig in Firmen wie etwa Google an der Westküste der USA durchgeführt werden.

Steuerung von Geschützen

Zur gleichen Zeit, zu der die Entwicklung von Geräten zur Entschlüsselung von Codes erfolgte, waren intensive Bemühungen in den USA und in Großbritannien darauf gerichtet, das Problem der Steuerung von Luftabwehrraketen, oder der »Abschusssteuerung«, zu lösen. Dies war der Gegenstand des geheimen Treffens des NDRC*, an dem George Stibitz teilgenommen und auf dem er den Ausdruck *digital* für eine bestimmte Klasse von Geräten vorgeschlagen hatte.

Das NDRC wurde im Juni 1040 gegründet. Der Direktor war Vannevar Bush, ein MIT-Professor der Elektrotechnik, der nach Washington DC gezogen war, um das Amt des Präsidenten der Carnegie Institution zu übernehmen. In den späten 1930er Jahren gehörte Bush zu denjenigen, die erkannten, dass es einen Bedarf an neuartigen Rechenmaschinen gab, die Wissenschaftlern und Ingenieuren ihre Arbeit erleichtern konnten. Außerdem traf er die noch ra-

* National Defense Research Committee (nationaler Forschungsausschuss für die Verteidigung)

dikalere Feststellung, dass derartige Maschinen, wenn sie fertig gestellt sein würden, große Bereiche der reinen und angewandten Mathematik revolutionieren würden.

Während er am MIT arbeitete, entwickelte Bush einen analogen Computer, der als »Differential Analyzer« bezeichnet wurde, eines der vielen Geräte, die eine rotierende Scheibe verwendeten, um Differentialgleichungen zu lösen. (Energieunternehmen verwenden in Messgeräten, die die von einem Hausanschluss verbrauchten Kilowattstunden berechnen, eine ähnliche Scheibe.) Er und seine Studenten erforschten eine Vielzahl anderer mechanischer und elektronischer Geräte zur Abschusssteuerung und zur Lösung anderer mathematischer Probleme, einschließlich solcher der Kryptografie. Bereits im Jahr 1938 schlug Bush eine »schnelle Rechenmaschine« vor, die mit Vakuumröhren arbeiten würde. Da sein Umzug von Cambridge nach Washington mit dem Ausbruch des Kriegs in Europa im Jahr 1939 zusammenfiel, verschoben sich die Prioritäten. Die Arbeit an der schnellen Rechenmaschine wurde fortgesetzt, und obwohl ihr Design ziemlich fortgeschritten war, wurde eine funktionsfähige Maschine niemals fertiggestellt. Eine Bachelor- und später eine Masterarbeit von Perry Crawford, einem MIT-Studenten, beschrieb – wäre er gebaut worden – einen sehr hochentwickelten elektronischen Digitalcomputer.[17] Ein weiterer MIT-Student, Claude Shannon, arbeitete mit dem Differential Analyzer im Rahmen einer Teilzeitarbeit, und dank seiner Analyse der darin verwendeten Relais erkannte er die Beziehung zwischen dem Wesen der Ein/Aus-Schaltung der Relais und den Regeln der binären Arithmetik. Dies wurde die Grundlage seiner 1938 veröffentlichten Masterarbeit.[18] Man hat sie als eines der grundlegenden Dokumente des Digitalzeitalters angesehen. Sie gab wieder, was Zuse etwa um dieselbe Zeit in Berlin eigenständig entdeckt hatte, und stellte auf solide theoretische Grundlagen, was man anderswo nur sporadisch herausgefunden hatte. George Stibitz hatte dieses Prinzip 1937 eigenständig entdeckt, und nachdem er in seinem Haus eine Steckplatine gebaut hatte, leitete er anschließend an den Bell Laboratorien den Bau mehrerer digitaler Geräte zur Abschusssteuerung. Schon lange vor 1937 hatte man für den Schienenverkehr der Bahn »Stellwerke« erfunden: Dies waren mechanische und elektromechanische Geräte, die sicherstellten, dass bei den komplizierten Schaltungen in einem Bahnbetriebswerk niemals zwei Züge gleichzeitig auf dasselbe Gleis geschickt wurden. Dies war ein Beispiel für das, was Informatiker später eine »exklusive ODER-Schaltung« nennen würden. Mit dem Fortgang des Krieges, besonders nach Dezember 1941, erhielt jedes Projekt, das mit dem Problem der Zielfindung und Steuerung von Geschützen in Verbindung gebracht werden konnten, besonders von Luftabwehrraketen, die denkbar größte Unterstützung. Zu den Wissenschaftlern, die man dienstverpflichtete, gehörte auch Norbert Wiener, ein Mathematiker am MIT. Er arbeitete mathematische

Theorien darüber aus, wie man ein Zielobjekt verfolgen konnte, obwohl es im Zielverfolgungssystem elektrische und andere Störsignale gab, und wie man die Fähigkeit eines Piloten, Ausweichmanöver zu unternehmen, unterlaufen konnte. Wiener schlug zwar Entwürfe für den Bau von Spezialgeräten zur Verwirklichung seiner Ideen vor, doch man griff sie nicht auf. Seine mathematischen Theorien jedoch erwiesen sich als äußerst einflussreich, nicht nur, was das Spezialproblem der Abschusssteuerung betraf, sondern auch bezüglich der allgemeinen Frage der automatischen Steuerung von Maschinen. Im Jahr 1948 prägte Wiener den Ausdruck *Kybernetik* und er veröffentlichte ein Buch mit diesem Titel. Es war eines der einflussreichsten Bücher des kommenden Digitalzeitalters, auch wenn es nicht direkt auf die Einzelheiten der digitalen Elektronikrechner einging.[19]

Zwei Forscher an den Bell Laboratorien, David Parkinson und Clarence A. Lowell, entwickelten ein Lenksystem für Luftabwehrraketen, das elektronische Schaltkreise als einen analogen Computer verwendete. Das M-9 Raketenlenksystem wurde während des gesamten Krieges erfolgreich eingesetzt, und zusammen mit dem Annäherungszünder neutralisierte es die Wirksamkeit der deutschen automatisch gesteuerten Flugrakete V-1. (Da die V-1 keinen Piloten hatte, waren ihr unter Beschuss keine Ausweichmanöver möglich.). Es war eine interessante Eigenschaft des M-9-Systems, Gleichungen zur Berechnung einer Flugbahn in Form eines um eine zweidimensionale Nockenwelle gewickelten Drahtes zu speichern, wobei der Draht die Geometrie der Gleichung nachahmte. Sein bedeutendster Durchbruch war seine Fähigkeit, die Steuerung der Rakete zu ändern, und zwar auf der Grundlage der sich ständig ändernden Daten, die ihm durch die Radarverfolgung zugeführt wurden, d. h. seine Fähigkeit sich selbst, ohne menschliche Interaktion, auf das Ziel auszurichten. Der Erfolg des M-9-Systems und anderer analoger Abschusssteuerungsgeräte mag vielleicht die Forschung am ehrgeizigeren digitalen Design verlangsamt haben, doch sollte man später die Konzepte der Selbstregulierung und des Feedbacks, nachdem sie Früchte getragen hatten, in die für digitale Systeme entwickelt Software einbauen.

Das digitale Paradigma

Es ist eine zentrale These der gegenwärtigen Darstellung, dass das digitale Paradigma, dessen Wurzeln in Turings Aufsatz von 1936, Shannons Magisterarbeit und anderswo lagen, der Schlüssel zu dem Zeitalter sind, das die heutige Technik definiert. Die vorangegangene Diskussion der zahlreichen Geräte, digitalen oder analogen, speziellen oder allgemeinen, und der verschiedenen Rechentheorien sowie der Nachdruck auf Feedback und automatischer Steuerung waren kein Umweg. Aus diesen fruchtbaren Ideen ist das Paradigma hervorgegangen. Während Bushs Bevorzugung analoger Techniken ihn scheinbar auf die falsche Seite dieser Geschichte stellt, vernachlässigt dies den enormen Einfluss, den seine Studenten und andere am MIT sowie in den Bell-Laboratorien auf die Entfaltung dessen hatten, was man unter »digital« versteht. Die 1940er Jahre waren ein Jahrzehnt, in dem man grundsätzliche Fragen darüber aufwarf, welches die richtige Rolle des Menschen bei der Interaktion mit komplexen Steuermechanismen sein sollte. Sollen wir Maschinen konstruieren, die tun können, was technisch möglich ist, und den Menschen an ihre Fähigkeiten anpassen, oder fragen wir uns, was Menschen nicht gut leisten können, und versuchen wir Maschinen zu konstruieren, die auf diese mangelnden Fähigkeiten eingehen? Die Antwort ist, beides zu tun, oder etwas von beidem, innerhalb der Grenzen der vorhandenen technologischen Grundlagen. Moderne Tablett-Computer und andere digitale Geräte haben keine große Ähnlichkeit mit Abschusssteuerungsgeräten der 1940er Jahre, doch die Fragen nach einer Mensch-Maschine-Schnittstelle stammen aus jener Ära.

Nach dem Ende des Krieges wendete sich Busch der allgemeinen Frage zu, welche Art von Informationsverarbeitungsmaschinen in Friedenszeiten von Nutzen sein könnten. Er schrieb einen provokativen und einflussreichen Aufsatz für das Magazin *Atlantic Monthly*, »As We May Think«*,

* Wie wir denken mögen

Die 1940er Jahre waren ein Jahrzehnt, in dem man grundsätzliche Fragen darüber aufwarf, welches die richtige Rolle des Menschen bei der Interaktion mit komplexen Steuermechanismen sein sollte. Sollen wir Maschinen konstruieren, die tun können, was technisch möglich ist, und den Menschen an ihre Fähigkeiten anpassen, oder fragen wir uns, was Menschen nicht gut leisten können, und versuchen wir Maschinen zu konstruieren, die auf diese mangelnden Fähigkeiten eingehen?

in dem er die Flut der Informationen voraussah, in der Wissenschaft und Lehre untergehen würden, wenn man sie nicht kontrollierte.[20] Er schlug eine Maschine vor, der er den Namen »Memex« gab, die auf dieses Problem eingehen sollte. Entsprechend seinem Vorschlag sollte Memex mechanisch das erledigen, was Menschen nur schlecht können: große Mengen von Fakten speichern und abrufen. Außerdem sollte sie es ihren menschlichen Benutzern ermöglichen, von dem zu profitieren, was Menschen gut können: Verbindungen herstellen und von einem Informationsfaden zu einem anderen springen. Memex wurde nie fertiggestellt, doch hatten seine Vision und dieser Magazinaufsatz Jahrzehnte später eine direkte Verbindung zu den Entwicklern des World Wide Web. In ähnlicher Weise wirkte sich Norbert Wieners Kybernetik weniger stark als die Schriften anderer auf die digitale Welt aus. Der Ausdruck wurde jedoch 1982 von dem Science-Fiction Autor William Gibson übernommen, der den Ausdruck *Cyberspace* prägte – eine Welt aus Bits. Doch Wiener trug mehr als nur ein Wort bei: seine Theorien der Informationsverarbeitung in einer Umgebung störender Signalen bilden einen großen Teil der Grundlage für die moderne, auf Informationen basierende Welt.

Der ENIAC

Bei einem großen Teil der hier beschriebenen Arbeit ging es um die Abfeuerung von Luftabwehrraketen und von auf Schiffen montierten Geschützen. Auch die Ausrichtung großer Artilleriegeschütze erforderte Berechnungen, und aus diesem Grunde wurde Bushs Differential Analyser nachgebaut und sehr häufig eingesetzt, um in Kampfsituationen ballistische Tabellen zu berechnen. Menschliche Rechner, größtenteils Frauen, erstellten diese Tabellen ebenfalls. Keine der beiden Methoden war in der Lage, den Anforderungen der Kriegszeiten gerecht zu werden. Aus dieser Notsituation ging eine als ENIAC* bezeichnete Maschine hervor. Sie wurde im Jahr 1946 an der Moore School of Electrical Engineering in Philadelphia erstmals öffentlich vorgestellt. Mit seinen 18 000 Vakuumröhren pries man den ENIAC als einen Computer an, der die Flugbahn eines von einem Geschütz abgefeuerten Geschosses schneller berechnen konnte, als sich dieses Geschoss selbst bewegte. Dies war ein treffend ausgesuchtes Beispiel, da derartige Berechnungen der Grund dafür waren, warum die Armee über eine halbe Million Dollar für die riskante und unerprobte Technik der Berechnung mit unzuverlässigen Vakuumröhren ausgab. Der ENIAC verwendete Röhren sowohl zur Speicherung als auch zur Berechnung, und konn-

* Electronic Numerical Integrator and Computer

te auf diese Weise komplexe mathematische Probleme mit elektronischen Geschwindigkeiten lösen.

Der ENIAC wurde von John Mauchly und J. Presper Eckert (der mit Wallace Eckert nicht verwandt war) an der Moore School entworfen. Verglichen mit den ehrgeizigsten Rechenmaschinen, die bereits in Verwendung waren, stellte sein Bau einen enormen Zuwachs an Ehrgeiz und Komplexität dar. Er entstand nicht aus dem Nichts: in seinem ursprünglichen Vorschlag für die Armee beschrieb Mauchly ihn als eine elektronische Version von Bushs Differential Analyser, wobei er sich bemühte, seine Kontinuität mit vorhandener Technologie zu betonen, statt den klaren Bruch, den sie damit machte. Außerdem hatte Mauchly im Juni 1941 für mehrere Tage J. V. Atanasoff in Iowa besucht, und dort wahrscheinlich erkannt, dass die Durchführung von Rechnungen mit Vakuumröhren bei hohen Geschwindigkeiten machbar war.[21] Das Design des ENIAC war sowohl von den Rechenmaschinen von Babbage als auch von denen Atanasoffs grundverschieden. Es verwendete das Dezimalsystem der Arithmetik, wobei Reihen von Vakuumröhren die Dezimalräder einer IBM-Tabuliermaschine nachbauten. Die Reihen der Röhren wurden sowohl zur Berechnung als auch zur Speicherung verwendet – es gab keine Trennung der beiden, wie es Babbage, Zuse und andere vorgeschlagen hatten und es heute üblich ist. Der Fluss der Zahlen durch die Maschine folgte dem selben Muster wie der Fluss durch den analogen Differential Analyzer.

Von den zahlreichen Eigenschaften, durch die sich der ENIAC von anderen Rechnern unterschied, war die bedeutendste die Möglichkeit, ihn zur Lösung verschiedener Probleme zu programmieren. Die Programmierung war mühsam und aufwendig. Heute klicken wir mit einer Maus oder berühren ein Symbol, um ein neues Programm aufzurufen, was sich als Konsequenz des Prinzips der Speicherprogrammierung ergibt. Eckert und Mauchly konstruierten den ENIAC so, dass er programmiert werden konnte, indem man die unterschiedlichen Rechenelemente in verschiedenen Konfigurationen in eine Platine steckte, wodurch die Maschine praktisch für jedes neue Programm neu verdrahtet wurde. Bevor man Speichergeräte hoher Geschwindigkeit erfunden hatte, stellte dies die einzige Möglichkeit dar, einen Hochgeschwindigkeitsrechner zu programmieren. Es war nutzlos über ein Rechengerät zu verfügen, das mit elektronischer Geschwindigkeit arbeiten konnte, wenn man ihm die Anweisungen mit mechanischen Geschwindigkeiten zuführte. Die Neuprogrammierung des ENIAC zur Durchführung einer anderen Aufgabe konnte Tage in Anspruch nehmen, selbst wenn er, war die Neuverdrahtung abgeschlossen, eine Antwort in Minutenschnelle liefern konnte. Aus diesem Grund zögern die Historiker den ENIAC als wahren »Computer« zu bezeichnen. Sie behalten diesen Ausdruck Maschinen vor, die zur Lösung einer Vielzahl von Problemen flexibel neu programmiert werden können. Erinnern wir uns jedoch daran, dass das »C« in seinem Namen für »Computer« stand. Eckert und Mauchly wählten diesen Ausdruck absichtlich, um auf die Räume anzuspielen, in denen weibliche »Computer« Rechenmaschinen bedienten. In der Computersprache verdanken wir dem ENIAC-Team außerdem das Verb *programmieren*. Die heutigen Computer führen neben der Lösung mathematischer Gleichungen alle möglichen Aufgaben aus, doch war es diese Funktion, für die der Computer erfunden worden war und worauf der Name des Gerätes zurückgeht.

3

DAS PRINZIP DER SPEICHERPROGRAMMIERUNG

Wäre der ENIAC, eine bemerkenswerte Maschine, eine einmalige Entwicklung für die Armee der USA gewesen, würde man sich wohl kaum an ihn erinnern. Doch man erinnert sich an ihn aus mindestens zwei Gründen. Erstens erdachten seine Entwickler, indem sie auf die Mängel des ENIAC eingingen, das Prinzip der Speicherprogrammierung, das seither für die Architektur sämtlicher Digitalcomputer von zentraler Bedeutung gewesen ist. Dieses Prinzip stellte, verbunden mit der Erfindung von Hochgeschwindigkeitsspeichern, eine praktische Alternative zur umständlichen Programmierung des ENIAC bereit. Indem man ein Programm und Daten in einem Hochgeschwindigkeitsspeicher ablegte, konnte man nicht nur Programme mit elektrischer Geschwindigkeit ausführen; es war auch möglich, die Programme zu bearbeiten, als wären es Daten – wodurch die Speicherprogrammierung zum Vorläufer der höheren Programmiersprachen wurde, die in modernen Computern kompiliert werden. Ein Bericht, den John von Neumann im Jahr 1945 schrieb, nachdem er von dem sich damals im Bau befindlichen ENIAC gehört hatte, sollte sich als einflussreich erweisen und veranlasste mehrere Projekte in den USA und in Europa.[1] In einigen Darstellungen werden diese Computer als »von-Neumann-Maschinen« bezeichnet. Hierbei handelt es sich allerdings um eine unzutreffende Bezeichnung, da sein Bericht anderen, die zu dem Konzept etwas beitrugen, keine Anerkennung zollte. Die Definition des *Computers* änderte sich dadurch, und bis zu einem gewissen Grad ist sie die bis heute gültige, wobei das Kriterium der Programmierbarkeit nun auch den internen Speicher des Programms im Hochgeschwindigkeitsspeicher umfasste.

Von 1945 bis in die frühen 1950er Jahren kam es zu einer Reihe von Premieren, bei denen das Konzept der Speicherprogrammierung realisiert wurde. 1948 wurde in Manchester in Großbritannien ein experimenteller Computer mit programmierbarem Speicher fertiggestellt. Er diente zur einfachen Demonstration des Konzepts. Dabei nahm man in Anspruch, dass es sich um den ersten Elektrocomputer mit Speicherprogrammierung handelte, der ein Programm ausführte. Im Jahr darauf wurde unter der Leitung von Maurice Wilkes in Cambridge ein Computer namens EDSAC* fertig-

* Electronic Delay Storage Automatic Computer

gestellt und in Betrieb genommen. Im Gegensatz zum »Baby« von Manchester war dies ein voll funktionsfähiger und nützlicher Computer mit Speicherprogrammierung. Kurz darauf waren ähnliche Bemühungen in Amerika von Erfolg gekrönt, unter ihnen auch der SEAC, den das nationale Eichamt der USA gebaut hatte und der 1950 betriebsbereit war. Auch die IBM Corporation baute einen elektronischen Rechner: den SSEC. Er enthielt ein Speichergerät, in dem Anweisungen gespeichert waren, die während einer Berechnung modifiziert werden konnten (daher der Name »Selective Sequence Electronic Calculator«*). Allerdings war er nicht nach den Ideen konstruiert worden, die von Neumann formuliert hatte. IBMs Modell 701, das ein paar Jahre später auf den Markt gebracht wurde, war das erste derartige Produkt dieses Unternehmens.

Der zweite Grund, dem ENIAC einen so herausragenden Platz in der Geschichte des Computers anzuweisen, ist die Tatsache, dass seine Erfinder, J. Presper Eckert und John Mauchly, in den Anfangsjahren fast die einzigen waren, die sich darum bemühten, einen eleganteren Nachfolger des ENIAC für kommerzielle Anwendungen zu bauen und zu verkaufen. Der ENIAC war für wissenschaftliche und militärische Zwecke konzipiert, gebaut und eingesetzt worden. Der UNIVAC war als kommerzieller Allzweckrechner für sämtliche Anwendungen bestimmt, die man dafür

* Elektronischer Rechner mit selektiver Rechenabfolge

programmieren konnte, und wurde auch als solcher auf den Markt gebracht. So erklärt sich sein Name: »**univ**ersal **a**utomatic **c**omputer«.

Der UNIVAC von Eckert und Mauchly kam bei seinen Anwendern gut an. Presper Eckert, der leitende Ingenieur, entwarf ihn nach konservativen Prinzipien. So hatte er zum Beispiel – zur Erhöhung ihrer Lebensdauer – die Belastung der Vakuumröhren vorsichtig begrenzt. Das machte den UNIVAC erstaunlich zuverlässig, obwohl er etwa 5 000 Vakuumröhren enthielt. Obwohl die Verkaufszahlen bescheiden waren, stellte die kommerzielle Verfügbarkeit eines Elektrorechners dennoch einen großen technischen Durchbruch dar. Eckert und Mauchly gründeten ein Unternehmen, bei dem es sich um einen weiteren Vorboten der wechselvollen Computerindustrie handelte, die folgen sollte. Allerdings konnte sich das Unternehmen nicht allein behaupten und wurde 1950 von Remington Rand aufgekauft. Auch wenn der UNIVAC kein unmittelbarer kommerzieller Erfolg war, wurde durch ihn dennoch klar, dass elektronische Rechner die in Geschäftswelt und Wissenschaft verwendeten Geräte einer früheren Ära schließlich ersetzen würden. Dies führte zum Teil zur Entscheidung der IBM Corporation, dieses Feld mit einem eigenen großen Elektrocomputer, dem IBM 701, zu betreten. Was seine Architektur betraf, stützte sich das Unternehmen auf die Vorschläge von Neumanns, den es als fachlichen Berater engagierte. Von Neumann hatte empfohlen, man solle für den Speicher eine speziell hierfür angefertigte, von der amerikanischen Radiogesellschaft entwickelte Vakuumröhre verwenden. Sie in größeren Stückzahlen anzufertigen, erwies sich allerdings als schwierig. Die Speichereinheiten des 701 waren modifizierte spezielle Kathodenstrahlröhren, die in England erfunden und im Manchester Computer verwendet worden waren.

IBM nannte den 701 zunächst einen »Verteidigungsrechner«, womit das Unternehmen anerkannte, dass seine Kunden primär Unternehmen der Luftfahrt- und Rüstungsindustrie waren, die auf umfangreiche staatliche Mittel Zugriff hatten. Staatlich geförderte Militärbehörden gehörten auch zu den ersten Kunden des UNIVAC, der mittlerweile von Remington Rand vermarktet wurde. Der 701 wurde zwar für wissenschaftliche und nicht für geschäftliche Anwendungen optimiert, doch es handelte sich um einen Allzweckrechner. IBM brachte aber auch Rechner auf den Markt, die sich mehr für geschäftliche Zwecke eigneten. Es sollte allerdings noch mehrere Jahre dauern, bis Geschäftskunden einen Computer erwerben konnten, der die Nützlichkeit und Zuverlässigkeit der Lochkartengeräte hatte, auf die sie angewiesen waren.

Um die Mitte der 1950er Jahre, als amerikanische und britische Universitäten zukunftweisende Forschungen auf den Gebieten der Speichergeräte, Schaltkreise und – vor allem – der Programmierung durchführten, schlossen sich IBM und Remington Rand andere Anbieter an. Ein Großteil dieser Forschungen wurde von der US Air Force unterstützt, die mit IBM Verträge zum Bau einer Reihe großer Vakuumröhrenrechner abschlossen hatte, die für die Luftabwehr bestimmt waren. Dieses System, das man mit dem Namen »SAGE«* bezeichnete, war umstritten. Es wurde gebaut, um die Flugbahnen etwaig angreifender sowjetischer Langstreckenbomber sowie einen Kurs für Kampfjets der USA zu berechnen, die diese Bomber abfangen sollten. Doch als das SAGE-System einsatzbereit war, befanden sich bereits ballistische Raketen in der Entwicklung, zu deren Abwehr SAGE nicht eingesetzt werden konnte. Von dem Geld, das man für die Planung und den Bau mehrerer Exemplare von Computern für das SAGE-System ausgegeben hatte, profitierte IBM allerdings dennoch. Dies galt insbesondere für die Entwicklung von Massenspeichergeräten, die IBM in seinen kommerziellen Rechnern verwenden konnte.[2] Daneben gab es einen Grund bezüglich der Wahl der Abkürzung für das System: *semiautomatic*** war bewusst gewählt worden, um jedermann davon zu überzeugen, dass in diesem System, wann immer es um Entscheidungen über den Einsatz von Kernwaffen ging, ein Mensch beteiligt war. Kein Computer würde den Dritten Weltkrieg allein beginnen, obwohl es in jenen Jahren des Kalten Krieges einige Situationen gab, an denen Computer, Radarsysteme und andere elektronischen Geräte beteiligt

* Semi-Automatic Ground Environment

** halbautomatisch

waren, in denen dies beinahe der Fall gewesen wäre. In manchen Fällen wurde der falsche Alarm durch fehlerhafte Computerhardware ausgelöst, in anderen durch unzureichende Software. Zudem kam es auch vor, dass jemand versehentlich ein Band für Testzwecke eingelegt hatte, das einen Angriff simulierte, was von den betroffenen Personen dann so verstanden wurde, als handele es sich um einen echten Angriff.[3] Dies war eine weitere Situation, in der das Thema der Mensch-Maschine-Schnittstelle relevant wurde.

Die Mainframe-Ära 1950–1970

Die 1950er und 1960er Jahre waren die Jahrzehnte des Mainframes, der seinen Namen den großen Metallrahmen verdankte, in denen man die Schaltplatinen montierte. Der UNIVAC läutete die Ära zwar ein, doch wurde dieser Industriezweig in den USA sehr bald von IBM dominiert. Maßgeblich gelang es dem Unternehmen auch, sich den europäischen Markt zu erschließen. In den 1950er Jahren verwendeten Mainframes Tausende von Vakuumröhren. Um 1960 wurden diese durch Transistoren, die weniger Strom verbrauchten und kompakter waren, ersetzt. Die Rechenmaschinen waren immer noch sehr groß und benötigten eigene, klimatisierte Räume und einen erhöhten Boden, unter dem die Verbindungskabel verlegt waren. In Science-Fiction-Filmen und der Popkultur wurden die blinkenden

Leuchten der Bedienungstafeln zur Schau gestellt, doch das eigentlich charakteristische Merkmal der Mainframes waren die Reihen von sich schnell drehenden Magnetbändern, auf denen die vorher in Karten gestanzten Daten gespeichert waren. Die populäre Vorstellung von diesen Geräten war die von »riesigen Gehirnen«, hauptsächlich aufgrund der seltsamen Fähigkeit der Bänder, in eine Richtung zu laufen, anzuhalten, Daten zu lesen oder zu schreiben, dann in der umgekehrten Richtung zu laufen, erneut anzuhalten, usw. – und dies alles ohne menschliches Zutun. Lochkarten verschwanden jedoch nicht völlig: Programme und dazugehörige Daten wurden in Kartenstapel gestanzt und beide dann auf Magnetbänder übertragen. Die Kartenstapel wurden zu Bündeln zusammengefasst, die man dann in die Rechenmaschine einlegte, damit diese teure Investition stets durch Arbeit ausgelastet war. Angenommen ein Programm lief erfolgreich, so wurden die Ergebnisse auf große, zick-zack-gefaltete Papierbögen ausgedruckt, die an beiden Rändern Führungslöcher für Sprossenräder hatten. Bei der Stapelverarbeitung wurden die Ergebnisse jeder vom Rechner gelösten Aufgabe nacheinander ausgedruckt. Bedienpersonal nahm dann die ausgedruckten Ergebnisse vom Rechner, trennte sie und legte die Ausdrucke für diejenigen, die sie benötigten, abholbereit in Postfächer außerhalb des klimatisierten Computerraums. Konnte eine Programm nicht erfolgreich ausgeführt werden, was alle möglichen Gründe haben konnte, einschließlich eines Fehlers in der Programmierung, gab der Drucker Fehlermeldungen aus, üblicherweise in einer kryptischen Form, die der Programmierer dekodieren musste. Manchmal druckte der Computer auch den Speicherinhalt aus, um den Programmierer bei der Fehlersuche zu unterstützen. Man bezeichnet diesen Vorgang im Englischen mit dem Verb *»to dump«**, wobei es sich um eine anschauliche Beschreibung handelte, denn weder die Person, deren Problem bearbeitet wurde, noch der Programmierer (normalerweise handelte es sich hierbei um verschiedene Individuen) hatten Zugang zum Computer.

Da jene Rechner überaus teuer waren, war normalen Benutzer ein direkter Zugang zu ihnen nicht gestattet. Dieser war dem Bediener vorbehalten: er (normalerweise handelte es sich hierbei um Männer) legte die Magnetbänder ein und nahm sie ab, führte der Leseeinrichtung Kartenstapel zu, nahm die Ergebnisse vom Drucker und kümmerte sich um eine reibungslose Funktion des Gerätes. Eine starke Abneigung gegen die Stapelverarbeitung trieb in späteren Jahrzehnten Computerliebhaber dazu, aus diesem beschränkten Zugriff auszubrechen: zuerst, indem sie gemeinsam genutzte Terminals verwendeten, die direkt an den Mainframe angeschlossen waren, und später dadurch, dass sie Personalcomputer entwickelten, die man nach eigenem Beliebigen für nützliche (oder nutzlose) Zwecke verwenden konnte.

---

* Ursprungsbedeutung: abladen, abkippen

Damit sie leisten kann, wozu sie gebaut ist, gibt es für jede Maschine eine Reihe spezieller Arbeitsverfahren. Nur bei Computern haben diese Verfahren einen Status, der demjenigen der Hardware entspricht – und einen eigenen Namen.

Es bedarf wohl kaum der Erwähnung, dass Textverarbeitung, Tabellenkalkulation und Spiele auf einer solchen Anlage nicht möglich waren. Fairerweise muss man allerdings zugeben, dass die Stapelverarbeitung auch zahlreiche Vorteile hatte. Für viele Kunden, so etwa für ein Elektrizitätswerk, das die Konten seiner Kunden verwaltete, änderte sich die Programmierung von Monat zu Monat kaum. Was sich änderte, waren lediglich die Daten – in diesem Fall, der Stromverbrauch –, und der ließ sich leicht in Karten stanzen und der Rechenmaschine routinemäßig zuführen. Pioniere der Ära des Zweiten Weltkrieges wie John von Neumann sahen zwar voraus, wie Computer sich entwickeln würden, doch konnten sie sich nicht vorstellen, dass der Einsatz von Computern einen ebenso großen Aufwand für die Programmierung, d. h. für die Herstellung der Software, wie für die Konstruktion der Hardware erfordern würde. Damit sie leisten kann, wozu sie gebaut ist, gibt es für jede Maschine eine Reihe spezieller Arbeitsverfahren. Nur bei Computern haben diese Verfahren einen Status, der demjenigen der Hardware entspricht – und einen eigenen Namen. Nach der klassischen Definition ist eine Maschine ein Gerät, das eine bestimmte Funktion hat, und die Verfahren, die dazu angewendet werden müssen, sind auf einen einzigen Zweck ausgerichtet: die Autotür öffnen, einsteigen, den Sicherheitsgurt anlegen, die Position der Rückspiegel anpassen, den Zündschlüssel ins Schloss stecken, den Motor anlassen, die Handbremse lösen, einen

Gang einlegen, auf das Gaspedal treten. Im Gegensatz dazu kann ein Computer »alles« machen (einschließlich einen PKW steuern), weshalb sich die Verfahren für seinen Einsatz mit der jeweiligen Art der Anwendung ändern.

Viele der Computer der Ära des Zweiten Weltkrieges konnten programmiert werden, aber man hatte sie nur zur Lösung eines begrenzten Bereichs mathematischer Probleme (oder, im Falle des Kolosses, zum Brechen eines Geheimcodes) konstruiert. Eine in der mathematischen Analyse versierte Person legte die Schritte dar, die zur Lösung eines bestimmten Problems erforderlich waren, übersetzte diese Schritte in einen der Konstruktion der Maschine spezifischen Code, stanzte diese Codes anschließend in einen Lochstreifen oder ein entsprechendes Medium und ließ dann die Maschine laufen. Die Programmierung war einfach, wenn auch nicht so unkompliziert, wie man ursprünglich annahm: die Programmierer lernten schon bald, dass ihre Codes zahlreiche Fehler enthielten, die gefunden und korrigiert werden mussten.[4]

Nachdem Allzweckrechner wie der UNIVAC (man beachte seinen Namen) in Betrieb waren, wurde die Bedeutung der Programmierung klarer. Gleichzeitig trat eine verborgene Eigenschaft des Computers in den Vordergrund, die die Programmierung verändern sollte. Als von Neumann und das ENIAC-Team das Prinzip der Speicherprogrammierung konzipierten, dachten sie dabei an die Notwendigkeit, mit großer Geschwindigkeit auf Anweisungen zugreifen zu können und über eine einfache Konstruktion für den physischen Speicher zu verfügen, um ihn für eine Vielzahl von Problemen einsetzbar zu machen. Außerdem erkannten sie, dass das gespeicherte Programm begrenzt modifizierbar war, und zwar indem eine Rechenoperation auf eine Reihe von Speicherpositionen zugriff, wobei die Speicheradresse je nach den Ergebnissen einer Berechnung erhöht oder modifiziert wurde. Im Laufe der frühen 1950er Jahre wurde dies erweitert: eine spezielle Art von Programm, das man später *Compiler* nannte, wandelte Eingabeanweisungen, die in einer Programmierern vertrauten und leicht verständlichen Form geschrieben waren, in eine Ausgabe für ein anderes Programm um, die in einem obskuren Code geschrieben war, den die Hardware entschlüsseln konnte. Dieses Konzept liegt den modernen Benutzeroberflächen zugrunde, sei es, dass eine Maus verwendet wird, um Symbole oder Objekte auf einem Bildschirm auszuwählen, ein Touchpad oder eine Spracheingabe – was auch immer.

Das ursprüngliche Konzept bestand darin, allgemeine Rechenschritte, etwa um den Sinus einer Zahl zu berechnen, in Lochstreifen oder Karten zu stanzen, und ein Programm zusammenzufügen bzw. zu kompilieren, indem man diese vorkodierten Rechenschritte verwendete und sie anschließend mit einem eigens hierfür geschriebenen Programm miteinander zu verknüpfen. Waren diese Rechenschritte auf Magnetbändern gespeichert, so musste der Programmierer lediglich eine Reihe von Befehlen auflisten, mit denen sie zur rechten Zeit aufgerufen werden konnten. Diese Befehle konnten in einem einfacheren Code geschrieben werden, der die genauen Details des Rechners nicht im Auge behalten musste. Dieses Prinzip wurde erstmals vom UNIVAC-Team verwendet, dessen Leiterin Grace Murray Hopper (1906–1992) während des Zweiten Weltkrieges mit Howard Aiken zusammengearbeitet hatte (siehe Abb. 3.1). Das grundlegendere Prinzip war wohl zum ersten Mal in den frühen 1950er Jahren von zwei Forschern, J. H. Laning und N. Zierler, entdeckt worden, als sie am MIT am »Whirlwind« arbeiteten. Hierbei handelte es sich um einen von der Luftwaffe finanziell geförderten Computer, den Vorgänger des Luftabwehrsystems SAGE. Anders als die UNIVAC-Compiler arbeitete dieses System mehr oder weniger genau wie moderne Compiler: als Input verwendete der Compiler von einem Benutzer eingegebene Befehle, während er als Output einen neuartigen Maschinencode generierte, der diese Befehle ausführte, den Überblick über die Speicherpositionen behielt, repetitive Programmschleifen handhabte und sonstige anfallende Arbeiten erledigte. Das »algebraische System« von Laning und Zierler war der erste Schritt in Richtung eines solchen Compilers: es akzeptierte Befehle, die ein Benutzer in gewöhnlicher algebraischer Form eingab, und übersetzte sie in einen Maschinencode, der von Whirlwind ausgeführt werden konnte.

Abb. 3.1 Grace Murray Hopper mit Studenten am Bedienfeld eines UNIVAC-Computers in der Mitte der 1950er Jahre. Hopper half bei der Entwicklung von Systemen, die die Programmierung des UNIVAV erleichterten. Sie widmete ihre lange Karriere in der Welt des Computers, diese für Nichtspezialisten zugänglicher und nutzbar zu machen. (Bildnachweis: Grace Murray Hopper/Smithsonian Institution).

Das Whirlwind-System fand jedoch keine größere Verbreitung, da man es für eine Verschwendung teurer Computerressourcen hielt. Die Programmierung von Computern blieb Sache einer »Priesterschaft« von Spezialisten, denen der Umgang mit obskuren Maschinencodes nichts ausmachte. Als Computer leistungsstärker wurden, musste sich das ändern. Die Probleme, für deren Lösung man sie heranzog, wurden zunehmend komplexer, und Forscher entwickelten Compiler, die effizienter arbeiteten. Der Durchbruch geschah 1957 mit Fortran, einer Programmiersprache, die IBM für sein Rechnermodell 704 einführte, und die ein großer Erfolg war. (Etwa um diese Zeit begann man auch, diese Codes als »Sprachen« zu bezeichnen, da sie viele, wenn auch nicht alle, Merkmale mit gesprochenen Sprachen gemeinsam hatten.) Die Syntax von Fortran – die Wahl der Symbole und die Regeln ihrer Verwendung – kam der herkömmlichen Algebra sehr nahe, weshalb Ingenieure leicht mit ihr vertraut wurden. Außerdem fielen weniger zusätzliche Kosten an: der Fortran-Compiler generierte einen Maschinencode, der so effizient und schnell wie der von einem Programmierer geschriebene Code war. IBMs marktbeherrschende Position spielte bei diesem Erfolg ebenfalls eine Rolle. Bereitwillig nahmen die Anwender ein System an, das die Einzelheiten der in einem Rechner ablaufenden Vorgänge vor ihnen verbarg und ihnen die Freiheit gab, sich auf die Lösung ihrer eigenen Probleme, statt derjenigen des Rechners, zu konzentrieren.

Fortrans Erfolg entsprach in der kommerziellen Welt demjenigen von COBOL*. COBOL verdankte seinen Erfolg dem Verteidigungsministerium der USA, das im Mai 1959 einen Ausschuss einberief, um die Frage der Entwicklung einer allgemeinen Sprache für geschäftliche Zwecke zu diskutieren. Im Anschluss an dieses Treffen bemühte man sich schnell und konzentriert um die Festlegung von Spezifikationen für diese Sprache. Sobald diese veröffentlich worden waren, begannen Herstellerfirmen Compiler für ihre jeweiligen Computer zu schreiben. Im Jahr darauf gab die Regierung der USA bekannt, sie werde nur Computer kaufen oder leasen, die mit COBOL arbeiten konnten. Dies hatte zur Folge, dass COBOL zur einer der ersten Sprachen wurde, die so standardisiert war, dass dasselbe Programm auf verschiedenen Computern von unterschiedlichen Anbietern ausgeführt werden konnte und dieselben Ergebnisse lieferte. Das erste aufgezeichnete Beispiel für diesen Meilenstein in der Geschichte des Computers fand im Dezember 1960 statt, als dasselbe Programm (mit nur wenigen geringfügen Änderungen) auf einem UNIVAC II und einem RCA 501 lief.

Wie schon bei Fortran half die Unterstützung einer mächtigen Organisation – in diesem Fall des Verteidigungsministeriums –, dass COBOL mehr und mehr akzeptiert wurde. Ob die Sprache selbst gut konzipiert und leis-

---

* Common Business Oriented Language

tungsstark war: darüber streitet man sich bis heute. Sie wurde entwickelt, um lesbar zu sein, wobei ausgeschriebene Befehle, wie etwa »größer als« oder »gleich«, die algebraischen Symbole >, =, und anderen Symbole ersetzten. Die Befehle konnten sogar durch ihre Entsprechungen in einer anderen als der englischen Sprachen ersetzt werden. Befürworter behaupteten, dass das Programm hierdurch für Manager – die das Programm zwar verwendeten, jedoch wenig damit zu tun hatten, es zu schreiben – lesbarer und verständlicher war. Diese Überzeugung war unzutreffend: man konnte die Programme weiterhin nur schwer entziffern, besonders wenn jemand Jahre später versuchte, sie zu ändern. Außerdem begannen sich Programmierer an kürzere Codes zu gewöhnen, wenn sie diese täglich verwendeten. Die Programmierung entwickelte sich in beide Richtungen. Für die Anwender blieben Befehle wie »Drucken« und »Speichern« bestehen, doch wurden sie schließlich durch Befehlsschaltflächen mit Bildzeichen (Icons) und andere grafische Symbole ersetzt. Programmierer wurden hingegen von Sprachen wie C angezogen: sie verwendeten zwar kryptische Codes, aber sie ermöglichten es ihnen, die Leistungsfähigkeit eines Computers besser zu nutzen.

Als kommerzielle Computer komplexere Arbeiten übernahmen, tauchte eine andere Art von Programm auf, das das Bedienpersonal ersetzte, das früher die Arbeitsabläufe in einem Rechenzentrum mit Lochkarten verwaltet hatte:

das Betriebssystem. Eines der ersten wurde um 1956 in den Forschungslaboren von General Motors verwendet und IBM folgte bald darauf mit einem System, welches das Unternehmen JCL (Job Control Language) nannte. JCL bestand aus Karten, in die Codes eingestanzt waren, die dem Computer ankündigten, dass der nächste Kartenstapel in Fortran oder einer anderen Sprache geschrieben war, dass der Stapel Daten enthielt, oder dass als nächstes der Auftrag eines anderen Benutzers bearbeitet werden würde. Die Systemsoftware stellte ihren eigenen Anspruch an die Rechenkapazität eines Computers. War sie schlecht konzipiert, so konnte sie die Fähigkeit eines Computers, seine Arbeit effektiv zu leisten, empfindlich beeinträchtigen. IBM investierte große Anstrengungen in die Entwicklung seiner Betriebssysteme, besonders für diejenigen seiner ehrgeizigen Computerserie System/360, die IBM 1964 auf den Markt brachte. An die Stelle der Anstrengungen von IBM traten in den 1980er und 1990er Jahren die Bemühungen von Microsoft. Das Unternehmen produzierte auf Fenstern basierende Systemsoftware für Personalcomputer. Als allgemeine Regel lässt sich feststellen, dass Betriebssysteme mit jedem neuen Entwicklungsschritt immer komplexer werden, und damit sind höhere Anforderungen an die Hardware verbunden. Von Zeit zu Zeit werden die alten, weniger effizienten Betriebssysteme durch neue »schlanke« Systeme verdrängt, wie dies z. B. bei dem derzeitigen Betriebssystem Linux und den schlanken Betriebssystemen der Fall ist, die für Smartphones entwickelt wurden (obwohl diese schlanken Systeme, wie ihre Vorgänge, mit jeder neuen Entwicklungsstufe immer mehr an Umfang zunehmen). (siehe Abbildung 3.2)

Der Transistor

Eine wichtige Frage, der die gegenwärtige Darstellung nachgeht, lautet: In welchem Maße hat der stetige Fortschritt der Halbleiterelektronik die Geschichte vorangetrieben? Eine extreme Antwort wäre: In dem Maße, in dem die moderne Technologie immer mehr Schaltkreise auf dünnen Silikonscheiben zusammendrängt, scheinen neue Geräte und Anwendungen als reife Früchte vom Baum zu fallen. Ist diese Aussage zu extrem? Wir sahen, wie die Verwendung der Vakuumröhren an Stelle der langsameren mechanischen Geräte für die Erfindung des Prinzips der Speicherprogrammierung des Digitalcomputers unerlässlich gewesen war. Das Phänomen wiederholte sich, als um das Jahr 1960 der Halbleitertransistor an Stelle von Röhren eingeführt wurde.

Die im ENIAC verwendeten Vakuumröhren boten drastisch höhere Geschwindigkeiten: die Schaltvorgänge erfolgten mit Hilfe von Elektronen, die durch ein heißes Filament angeregt wurden und sich mit hoher Geschwindigkeit in einem Vakuum bewegten.

Abbildung 3.2 Eine große Installation von IBMs System/360. Man beachte das Bedienfeld (in der Mitte) mit seinen zahlreichen Lichtern und Knöpfen sowie die Reihen von Magnetbändern, die der Computer als Massenspeicher verwendete. Hinter dem Bedienfeld in der Mitte befindet sich ein Lochkartenlesegerät mit einer Zufuhr von Zick-Zack-Papier. Auf der rechten Seite sieht man einen Drucker und eine Datensichtstation. (Bildnachweis: IBM Corporation)

Nicht alle Computeringenieure machten von ihnen Gebrauch. So waren zum Beispiel Howard Aiken und George Stibitz nie zufrieden mit Röhren. Sie bevorzugten Geräte, bei denen die Schaltung mechanisch erfolgte. Genau wie die gewöhnliche Lichtbirne, von der sie abstammten, neigten Röhren dazu durchzubrennen. Versagte eine von Tausenden von Röhren, so bedeutete dies, dass die gesamte Maschine erst wieder funktionierte, nachdem man sie ausgetauscht hatte. (Dass eine Röhre ausgetauscht werden musste, kam so häufig vor, dass Röhren – im Gegensatz zu den anderen Komponenten – in Fassungen gesteckt und nicht fest eingebaut wurden.) Zu Beginn des 20. Jahrhunderts suchten Physiker und Elektroingenieure nach Wegen, die Röhre durch ein Gerät zu ersetzen, das elektrische Ströme in einem Festkörper umschalten oder verstärken konnte, ohne dass hierzu ein Vakuum oder ein heißes Filament erforderlich war. Was man schließlich als Festkörperphysik bezeichnen sollte, blieb allerdings ein schwer erreichbares Ziel, da zahlreiche Versuche, die aktiven Elemente einer Röhre durch Komponenten aus Kupfer oder Blei oder durch das Element Germanium zu ersetzen, scheiterten.[5] Es war offensichtlich, dass ein Gerät, das Vakuumröhren ersetzte, einen aufnahmebereiten Markt finden würde. Das Problem war, dass die Theorie der Funktionsweise dieser Geräte unterentwickelt und somit rückständig war. Solange man kein besseres Verständnis der Quantenmechanik hinter diesem Phänomen besaß, waren die Versuche, einen Festkörperersatz für die Vakuumröhre herzustellen, eine frustrierende Angelegenheit. Während des Zweiten Weltkrieges bewegte sich die Erforschung der Radioerkennung von feindlichen Flugzeugen (Radar) in sehr hohe Frequenzbereiche und schließlich in den Ultrakurzwellenbereich (UHF, UKW). In diesem Bereich funktionierten herkömmliche Vakuumröhren nicht mehr zuverlässig. Man erfand Festkörpergeräte, die Radarfrequenzen gleichrichten (d. h. Strom nur in einer Richtung weiterleiteten) konnten. Sie wurden massenweise hergestellt, konnten jedoch elektrische Ströme weder verstärken noch umschalten.

Nach dem Ende des Krieges führte eine konzentrierte Bemühung in den Laboratorien der Firma Bell zur Erfindung des ersten funktionsfähigen Festkörpergerätes zum Umschalten und Verstärken von Strom, dem man den Namen »Transistor« gab. Er wurde kurz vor Weihnachten des Jahres 1947 erfunden. Die Bell Laboratorien stellten ihre Erfindung der Öffentlichkeit vor. Die *New York Times* kündigten sie in einer bescheidenen Notiz der Kolumne »Neuigkeiten aus der Welt des Radios« am 1. Juli 1948 an – in einem der größten Understatements der Geschichte der Technik. Die öffentliche Bekanntgabe war entscheidend, da die Bell Laboratorien zu einem staatlich geregelten Telefonmonopol gehörten. Mit anderen Worten: diese revolutionäre Erfindung unterlag nicht der Geheimhaltung und war nicht der Verwendung durch die Streitkräfte der USA vorbehalten. Stattdessen wurde sie kommerziellen Herstellern angeboten. Die drei Erfinder, William Shockley, Walter Brattain und John Bardeen, teilten sich dafür 1956 den Nobelpreis für Physik.

Es dauerte dennoch mehr als ein Jahrzehnt, ehe sich der Transistor merklich auf die Welt der Computer auswirkte. Ein Großteil der Geschichte des Computers wurde vom Moore'schen Gesetz dominiert, welches die Verdopplung der Anzahl der Transistoren auf Siliciumchips seit 1960 beschreibt. Wir müssen uns jedoch vergegenwärtigen, dass für mehr als ein Jahrzehnt vor 1960 der Anstieg dieser Kurve den Wert 0 hatte. Die Anzahl der Transistoren auf einem Chip blieb bei 1. Den Transistor bis zu einer Stufe weiterzuentwickeln, auf der man auf einem Materialstück mehr als einen von ihnen unterbringen und sich auf ihre betriebssichere und konsistente Funktion verlassen konnte, erforderte eine gebündelte Anstrengung. Die Arbeit eines Transistors hängt von den Quantenzuständen der Elektronen ab, während diese sich um den positiv geladenen Kern eines Atoms bewegen. Konventionsgemäß fließt der elektrische Strom von der positiven in die negative Richtung, obwohl sich die negativ geladenen Elektronen in einem Leiter, wie etwa einem Kupferdraht, in umgekehrter Richtung bewegen. Die Wissenschaftler in den Bell Laboratorien entdeckten, dass in bestimmten, als Halbleitern bezeichneten Materialien Strom ebenfalls fließen konnte, indem die *Abwesenheit* eines Elektrons an eine

Stelle verschoben wurde, an der normalerweise ein Elektron vorhanden gewesen wäre. Diese positiven Ladungen wurden von den Forschern als »Löcher« bzw. Defektelektronen* bezeichnet. Die Nachkriegsforschung konzentrierte sich besonders auf zwei chemische Elemente, die dafür einsetzbar waren: Germanium und Silicium. Die Erfindung von 1947 verwendete Germanium. Sie war so gebaut, dass sich zwei Kontakte sehr nahe beieinander befanden und ein Substrat berührten, und wurde möglich, weil die Erfinder die Theorie dessen verstanden, was in dem Gerät geschah. Äußerlich glich sie dem primitiven Detektorempfänger, den Hobbyfunker in den 1950er Jahren verwendeten – einem dünnen Stück Draht, das von Hand vorsichtig auf ein größeres Stück Galenit gelegt wurde – und war damit wohl kaum eine Vorrichtung, die die Grundlage einer Computerrevolution hätte werden können.[6]

Die Fundamente der Revolution in der Halbleiterphysik wurden von 1947 bis 1960 gelegt. Zunächst ersetzte man die Punktkontakt-Anordnung von 1947 durch Bauelemente, bei denen verschiedene Arten von Halbleitermaterial fest miteinander verbunden waren. Methoden wurden entwickelt, um Silicium und Germanium aufzubereiten, indem man die Materialien auf kontrollierte Weise schmolz und

* Bei einem »Loch« oder »Defektelektron« handelt es sich um einen gedachten positiven Ladungsträger. Transportiert werden nur negative Ladungen, d. h. Elektronen. Die Abwesenheit eines Elektrons denkt man sich zur leichteren Berechnung dabei als positive geladenes Quasiteilchen.

einen Kristall wachsen ließ, dessen Eigenschaften bekannt und reproduzierbar waren. Exakte Mengen von Unreinheiten wurden absichtlich zugeführt, um dem Material die gewünschte Eigenschaft der Leitung von Defektelektronen (positiver Ladungen, oder vom P-Typ) oder Elektronen (negativer Ladungen, oder vom N-Typ) zu verleihen. Dieser Vorgang wird als Dotierung bezeichnet. Der Industrie gelang ein Übergang von Germanium zu Silicium, das zwar schwerer zu verarbeiten ist, aber eine Reihe wesentlicher Vorteile hat. Man entwickelte Methoden, mit denen die verschiedenen Materialien durch Fotolithografie auf ein Substrat aufgebracht werden konnten. Dieser letzte Schritt war entscheidend: er ermöglichte es, die Schaltkreise zu miniaturisieren, etwa so, wie man ein Buch auf einen Mikrofilm kopieren konnte. Die verschiedenen Bereiche des Transistors konnten voneinander isoliert werden, indem man Schichten von Siliciumoxid, eines hervorragenden Isolators, darauf ablagerte.

Die Herstellerfirmen begannen mit Transistoren ausgestattete Computer um die Mitte der 1950er Jahre zu verkaufen. Zwei von ihnen, die IBM um 1959 auf den Markt brachte, markierten den Übergang zu Halbleitertransistoren. Das Modell 1401 war ein kleiner Computer, der mühelos in die vorhandenen Lochkarteninstallationen passte, die damals unter kommerziellen Kunden weit verbreitet waren. Da er für viele Kunden den Übergang zu elektronischen Rechnern erleichterte, wurde er eines der meistverkauften Produkte von IBM und half damit, die beherrschende Position des Unternehmens in der Computerindustrie bis in die 1980er Jahre hinein zu festigen. Der IBM 7090 war ein großer Mainframe, der unter den Kunden aus Wissenschaft, Verteidigung und Luftfahrt ebenso beliebt war. Er hatte eine interessante Geschichte. IBM reichte bei der US Air Force ein Angebot für die Herstellung eines Computers ein, der das Frühwarnsystem verwalten sollte, das man damals zum Schutz der USA vor einem sowjetischen Raketenangriff in der Arktis errichtete (ein Nachfolger für SAGE). IBM hatte soeben erst Modell 709 eingeführt, einen großen leistungsstarken Mainframe mit Vakuumröhren, doch die Luftwaffe bestand auf einem Computer, der mit Transistoren arbeitete. IBM unternahm die heroische Anstrengung das Modell 709 neu zu konstruieren, um daraus das auf Transistoren basierende Modell 7090 zu bauen, und bekam den Vertrag zugesprochen.

Der Minicomputer

Der IBM 7090 war ein mit Transistoren bestückter Computer, ähnlich wie das Radio ein »kabelloser« Telegraf oder das Automobil eine »pferdelose« Kutsche war. Er blieb der geläufigen Vorstellung von einem Computer treu und verfügte lediglich über eine neue und bessere technische Basis. Wie hätte das Ergebnis ausgesehen, wenn man von Anfang an damit begonnen hätte, eine Maschine zu entwerfen, die die Vorteile des Transistors nutzt, statt ihn als Ersatz für etwas anderes zu verwenden?

Im Jahr 1957 taten Ken Olsen, der soeben sein Studium am MIT abgeschlossen hatte, und Harlan Anderson, der am Digital Computer Laboratory von MIT angestellt gewesen war, genau dies.[7] Beide hatten am Lincoln Laboratory gearbeitet, einem staatlich geförderten Labor außerhalb von Boston, an dem man zu Problemen der Luftabwehr forschte. Während ihrer Zeit am Lincoln Laboratory arbeiteten sie am TX-0, einem kleinen Computer, der eine von der Philco Corporation hergestellte, neue Art von Transistor verwendete. Der TX-0 wurde gebaut, um die Verwendbarkeit dieses Transistors für große Computer zu untersuchen. Er demonstrierte nicht nur die Verwendbarkeit des Transistors; er zeigte auch, dass ein kleiner Computer, der Hochgeschwindigkeitstransistoren nutzte, in manchen Anwendungsbereichen die Leistung eines großen Mainframe übertreffen konnte. Doch Olsen und Anderson sahen nicht voraus, welchen Weg die weitere Entwicklung des Computers schließlich nehmen sollte und besonders Olsen würde man später für seinen angeblichen Mangel an Voraussicht kritisieren. Dennoch öffneten sie einen breiten Weg in die Zukunft: von den an der Stapelverarbeitung orientierten Mainframes von IBM zu der Welt, die wir heute kennen, einer Welt kleiner, kostengünstiger Geräte, die interaktiv verwendbar sind.

Mit 70 000$ Risikokapital – was selbst eine Neuerung darstellte – gründeten Olsen und Anderson die Digital Equipment Corporation (DEC, ausgesprochen als Abkürzung) und bauten in einer Vorstadt von Maynard in Massachusetts, im Gebäude einer ehemaligen Wollspinnerei aus dem 19. Jahrhundert, ein Unternehmen auf. Ihr erstes Produkt war ein Satz von Logikmodulen, die auf Hochleistungstransistoren basierten, samt Zubehör. Letztlich bestand ihr Ziel darin, einen Computer herzustellen, doch sie vermieden dieses Wort, da es eine direkte Konfrontation mit IBM implizierte, was die meisten für ein törichtes Unterfangen hielten. Stattdessen wählten sie die Beschreibung *Programmierter Datenprozessor*. 1960 kündigte DEC den PDP-1 an, der in den Worten eines Historikers des Unternehmens »die Verwendung von Computern aus dem Computerraum holte und in die Hände des Anwenders legte«.[8] Das Unternehmen verkaufte den Prototyp PDP-1 an das Forschungsunternehmen Bolt Beranek and Newman (BBN) in Cambridge, wo einer seiner Direktoren, der Psychologe J. C. R. Licklider, darauf aufmerksam wurde. Wir werden später noch einmal auf Lickliders Rolle in der Geschichte des Computers zurückkommen. Jedenfalls war dieser Verkauf ein zufälliges Ereignis (siehe Abb. 3.3).

Im April 1965 brachte DEC einen weiteren bahnbrechenden Computer auf den Markt: den PDP-8. Zwei Merkmale waren es, durch die er sich von allen anderen unterschied. Das erste war sein Preis. Die Grundversion kostete

18 000$. Das zweite war seine Größe. Er war klein genug, um in den Gestellen von Rechenlabors neben anderen Standardgeräten montiert werden zu können, und stellte keine speziellen Anforderungen an die Stromzufuhr oder Kühlung. Der Rechner zeichnete sich zudem durch Neuerungen auf allen Ebenen aus. Seine logischen Schaltkreise nutzten den letzten Stand der Transistortechnologie. Die Schaltkreise selbst waren in Standardmodule integriert, die ihrerseits durch eine automatische Maschine miteinander verkabelt waren. Diese Maschine verwendete eine in den Bell Laboratorien entwickelte Methode, mit der sich komplizierte Verdrahtungen ohne manuelles Löten durchführen ließen. Die geringen Platz- und Stromanforderungen haben wir bereits erwähnt. Der Gesamtaufbau, oder die funktionale Architektur, war ebenfalls innovativ. Der PDP-8 verarbeitet nur jeweils 12 Bits, wesentlich weniger als Mainframes. Hierdurch wurden die Kosten gesenkt und die Geschwindigkeit erhöht, solange es nicht erforderlich war, umfangreiche numerische Berechnungen durchzuführen. Diese Architektur war eine bedeutende Neuerung von DEC: sie war ein Zeichen dafür, dass der PDP-8 wesentlich mehr war, als ein mit Transistoren konstruierter Vakuumröhrencomputer.

DEC hatte auf oberster Ebene eine soziale Innovation eingeleitet, die so bedeutsam war wie die Technologie selbst. Im Gegensatz zu IBM, dessen Vertriebsabteilung dafür berühmt war, verfügte das kleine Unternehmen DEC

Abbildung 3.3 Die Ingenieure der Digital Equipment Corporation stellen im Jahr 1964 ihren Großrechner PDP-6 vor. Obwohl DEC für seine kleinen Computer bekannt war, waren der PDP-6 und sein unmittelbarer Nachfolger, der PDP 10, Großrechner, die für den Mehrbenutzerbetrieb optimiert waren. Der PDP-6 hatte einen Einfluss auf den Übergang von der Stapelverarbeitung zum interaktiven Betrieb, auf die Entwicklung der künstlichen Intelligenz sowie auf das ARPANET. Bill Gates und Paul Allen verwendeten einen PDP-10 an der Harvard University, um Teile ihrer ersten Software für Personalcomputer zu schreiben. *Quelle:* Digital Equipment Corporation – jetzt Hewlett-Packard. Bildnachweis: © Hewlett-Packard Development Company, L.P. Genehmigter Wiederabdruck.

nicht über die Mittel, für seine Kunden spezielle Anwendungen zu entwickeln.

Stattdessen ermutigte DEC seine Kunden, spezialisierte Systemhardware und -software selbst zu entwickeln. Das Unternehmen gab die Einzelheiten des PDP-8-Designs und seine Betriebsmerkmale weiter und arbeitete mit den Kunden zusammen, um die Maschinen in Steuerungen für Betriebsautomationen, Telefonschaltungen, biomedizinische Instrumente und in andere Anwendungen einzubetten. Dies stellte eine Neuformulierung der wesentlichen allgemeinen Verwendbarkeit des Computers, die Turing 1936 in Umrissen beschrieben hatte, in praktischer Hinsicht dar. Der Computer wurde schließlich als »Mini« bezeichnet, in Anlehnung an den Morris Minor, einen PKW, der damals in Großbritannien verkauft wurde, und an die kurzen Röcke, die junge Frauen in den späten 1960er Jahren trugen. Noch war die Ära des interaktiven Personalcomputers nicht angebrochen; aber sie war im Entstehen begriffen.

Die Konvergenz der Computer- und der Kommunikationswelt

Während die PDP-8-Computer aus Massachusetts überall im Land verkauft wurden, fanden andere Entwicklungen statt, die schließlich einen ebenso großen Einfluss haben und zur Konvergenz der Computer- und Kommunikationswelt führen sollten. Spät im November des Jahres 1962 fuhr ein gecharterter Zug von den Allegheny Mountains in Virginia nach Washington, D.C. Die Reisenden kehrten von einer Konferenz über die »Wissenschaft der Informationssysteme« zurück, die von der US Air Force und der MITRE Corporation, einer staatlich geförderten Expertenkommission, gesponsert worden war. Die Konferenz war im Homestead Resort im landschaftlich schönen Warm Springs Valley von Virginia abgehalten worden. Allerdings hatten die Teilnehmer kaum Zeit, die Landschaft oder die Heilkraft der Quellen zu genießen. Einen Monat zuvor hatten die USA und die Sowjetunion aufgrund der Stationierung sowjetischer Raketen auf Kuba am Rande eines Atomkrieges gestanden. Eine schlechte Kommunikation, nicht nur zwischen den beiden Supermächten, sondern auch zwischen dem Weißen Haus, dem Pentagon und den Befehlshabern von Schiffen auf hoher See, waren Faktoren der Eskalation in dieser Krise gewesen.

Unter den Passagieren des Zuges befand sich auch J. C. R. Licklider, der soeben erst Bolt Beranek and Newman verlassen hatte, um Direktor des Büros für Techniken der Informationsverarbeitung einer Militärbehörde namens ARPA* zu werden. Diese Behörde wurde (zusammen mit

* Advanced Research Projects Agency, Behörde für Projekte der fortgeschrittenen Verteidigungsforschung

der NASA*) im Jahre 1958 gegründet, im Zuge der Erdumkreisungen der sowjetischen *Sputnik*-Satelliten. Licklider befand sich auf einer langen Zugreise mit einigen der intelligentesten und erfolgreichsten Computerwissenschaftler und Elektroingenieure des Landes. Tatsächlich war die Konferenz selbst enttäuschend gewesen. Er hatte eine Reihe von Vorträgen darüber gehört, wie Digitalcomputer militärische Operationen verbessern könnten, doch nach seiner Meinung erkannte keiner der Redner das volle Potential der Computer bei militärischen – oder zivilen – Unternehmungen. Die Zugfahrt gab ihm Gelegenheit über diese Möglichkeiten nachzudenken und seine Auffassungen mit seinen Kollegen auszutauschen.

Es gab zwei Gründe, warum Lickliders Präsenz in dieser Gruppe von entscheidender Bedeutung war. Der erste war Geld: als Direktor der IPTO – einer Behörde des ARPA – hatte er Zugang zu umfangreichen Geldern des Verteidigungsministeriums und die Freiheit, sie für Projekte auszugeben, die er für förderungswürdig hielt. Der zweite Grund war eine Vision: im Gegensatz zu seinen Fachkollegen betrachtete er den elektronischen Digitalrechner als ein revolutionäres Gerät, und zwar nicht so sehr wegen seiner rechnerischen Leistungsfähigkeit, sondern weil er verwendet werden könnte, um in Symbiose – sein Lieblingswort – mit dem Menschen zu arbeiten. Bei ihrer Ankunft in Washing-

* National Aeronautics and Space Administration, Nationale Luft- und Raumfahrtbehörde der USA

ton gingen die Reisenden auseinander und kehrten jeder für sich nach Hause zurück. Zwei Tage später, am Freitag nach Thanksgiving,* begann der MIT-Professor Robert Fano Gespräche mit seinen Vorgesetzten, und zwar mit dem Ziel, ein Projekt anzustoßen, das auf die Diskussionen zurückging, die er während der Bahnreise zwei Tage früher geführt hatte. Am darauffolgenden Freitag stand der Umriss eines Plans für Project MAC**, eine Initiative am MIT zur Erforschung der »maschinengestützten Kognition«, in der Computer so konfiguriert wurden, dass ihnen »Mehrfachzugriff« erlaubt wurde. Dank seiner Position am ARPA gewann Licklider die US-Behörde für Marineforschung für die Finanzierung des MIT-Projekts, wobei der erste Auftrag einen Budget-Umfang von etwa 2,2 Millionen Dollar vorsah. Ein solch informelles Arrangement mochte zwar zu dem einen oder anderen Stirnrunzeln geführt haben, doch entsprach es den damaligen Gepflogenheiten des ARPA.

Lickliders ursprüngliche Idee bestand darin, das Projekt mit einem großen Mainframe zu starten und seine Verwendung gleichzeitig unter zahlreichen Benutzern aufzuteilen. Dieses als Time-Sharing bekannte Konzept stand im Gegensatz zum sequenziellen Zugriff der Stapelverarbeitung. Wenn es richtig ausgeführt wurde, war den einzelnen

* »Danksagung«, staatlicher Feiertag der USA, am vierten Donnerstag im November; ein Erntedankfest, das von der europäischen Tradition abweicht und dessen Wurzeln auf die Zeit der Pilgerväter und ersten Pioniere zurückgeht.

** Machine-Aided Cognition

Anwendern nicht bewusst, dass außer ihnen andere Anwender den Computer ebenfalls benutzten, da seine Geschwindigkeit wesentlich größer war als die der Reaktion des menschlichen Gehirns oder der Gewandtheit der Finger. Die passendste Analogie hierzu ist ein Schachgroßmeister, der gleichzeitig gegen 12 weniger gute Spieler antritt. Jeder Benutzer hatte die Illusion (ein absichtlich verwendetes Wort), dass ihm oder ihr ein leistungsstarker Computer zur persönlichen Verfügung stand.

Licklider und die meisten seiner Kollegen waren der Auffassung, dass Time-Sharing der einzige praktische Weg sei, die Computer bis zu einem Punkt weiterzuentwickeln, an dem sie als direkte Unterstützung der menschlichen Kognition dienen könnten. Der einzige gewichtige Widerspruch kam von Wes Clark, der mit Ken Olsen an den Lincoln Laboratories über transistorgestützte Computer geforscht hatte. Clark glaubte, diese Vorgehensweise sei falsch. Er war der Überzeugung, es sei besser, kleine Computer zu Geräten zu entwickeln, die Einzelpersonen direkt verwenden konnten. Seine Auffassung wurde von Elektro- und Computeringenieuren zurückgewiesen, doch fand er Gehör unter Forschern auf dem Gebiet der Medizin, die den Wert eines kleinen Computers erkannten, der seinen Platz unten den Spezialgeräten ihrer Labore finden könnte. Mit Hilfe der Unterstützung der nationalen Gesundheitsinstitute stellte er ein Team zusammen, das einen Computer namens »LINC« (von Lincoln Labs) herstellte, und den er 1962 präsentierte. Einige von ihnen wurden gebaut. Später wurden sie dann mit dem PDP-8 der Digital Equipment Corporation kombiniert. Für die wenigen, die das Privileg hatten, einen von ihnen zu besitzen, war dies ein vollständig interaktiver Personalcomputer. Das vorherrschende Konzept der damaligen Zeit war jedoch nach wie vor der große Time-Sharing-Rechner. Personalcomputer sollten erst ein Jahrzehnt später auf den Markt kommen.[9] Die drastische Senkung der Kosten für den Gebrauch von Computern, die mit Fortschritten in der Halbleiterelektronik einherging, machte dies praktikabel. Sie wurde von jungen Leuten wie Steve Jobs und Bill Gates genutzt, die nicht zur akademischen Forschungsumgebung gehörten.

Clark hatte Recht mit seiner Einsicht in die Schwierigkeiten, die der Realisierung von Time-Sharing im Wege standen. Die gemeinsame Nutzung eines einzelnen Großrechners durch zahlreiche Anwender an weniger leistungsstarken Terminals brachte viele Herausforderungen mit sich. Während er bei BBN* arbeitete, hatten Lickliders Kollegen den neuerstandenen PDP-1 so konfiguriert, dass er für mehrere Anwender gleichzeitig arbeiten konnte. Dieses Konzept auf Großrechner zu übertragen, die von einer großen Anzahl von Anwendern genutzt wurden, wie man es bei IBM und anschließend für einen General Electric Main-

* Bolt Beranek and Newman

frame am MIT versuchte, erwies sich als schwierig. Viele Jahre später kamen kommerzielle Time-Sharing-Systeme schließlich auf den Markt, doch erst, nachdem man große Summen von Entwicklungsgeldern dafür ausgegeben hatte. Wie dem auch sei: die Kräfte, die Licklider auf jener Zugreise in Bewegung gesetzt hatte, verwandelten die Welt der Computer.

Time-Sharing war der Funke, der andere Bemühungen, Mensch und Computer zu verbinden, in Gang brachte. Abermals mit Lickliders Unterstützung begann das ARPA Untersuchungen zu finanzieren, die herausfinden sollten, wie man zum einen mit Hilfe von Grafiken mit einem Computer interagieren und zum anderen geografisch voneinander getrennte Mainframes miteinander vernetzen konnte.[10] Für die interaktive Verwendung eines Computers waren beide Untersuchungen äußerst wichtig, doch es war der Einfluss des ARPA auf die Vernetzung, der die Behörde berühmt machte. Ein entscheidender Durchbruch gelang, als die ARPA-Manager das Konzept der *Datenpaketvermittlung* kennenlernten, das in Großbritannien und den USA unabhängig voneinander entwickelt worden war. Diese Technik zerlegte eine Datenübertragung in kleine, als Pakete bezeichnete Stücke, die separat adressiert und an ihren Bestimmungsort gesendet sowie bei Bedarf über separate Kanäle übertragen werden konnten. Dieses Konzept widersprach allem, was AT&T über Jahrzehnte entwickelt hatte, doch es bot zahlreiche Vorteile gegenüber klassischen Methoden der Kommunikation und bleibt bis heute das technische Rückgrat des Internets.

Die ersten Computer des »ARPANETs« wurden 1969 miteinander verbunden. 1971 gab es fünfzehn miteinander verbundene Computer, viele von ihnen solche der Digital Equipment Corporation. Im Jahr darauf veranstaltete ARPA eine Demonstration auf einer Konferenz in Washington, D.C. Das ARPANET war nicht der einzige Vorläufer des Internets, wie wir es heute kennen: es war ein vom Verteidigungsministerium gefördertes Netz, dem die sozialen, politischen und ökonomischen Komponenten fehlten, die die moderne Welt des Internets ausmachen. Es verfügte noch nicht einmal über E-Mail, obwohl diese Funktion bald hinzugefügt wurde. Die Demonstration stellte die Machbarkeit der Datenpaketvermittlung unter Beweis und überwand damit einen Großteil der Skepsis etablierter Ingenieure der Telekommunikationsindustrie, die der Überzeugung waren, ein solches Vorhaben sei nicht praktikabel. Die Regeln für das Adressieren und Weiterleiten der Pakete, die ARPA als Protokolle bezeichnete, funktionierten.

1983 überarbeitete das ARPA sie zu einer Form, die es dem Netzwerk erlaubte, über seine frühere Größe hinauszuwachsen. Diese Protokolle, die als »Transmission Control Protocol/Internet Protocol (TCP/IP)« bezeichnet werden, sind gegenwärtig noch in Gebrauch. Sie bilden die technische Grundlage der modernen vernetzten Welt.

4

DER CHIP UND SILICON VALLEY

Nach einem Jahrzehnt langsamen, aber stetigen Fortschritts in der Entwicklung des Transistors kann es in den frühen 1960er Jahren zu einem Durchbruch: Erfinder in Texas und Kalifornien entwickelten eine Methode, mit der man mehrere Transistoren und andere Bauelemente auf einem einzigen Siliciumchip unterbringen konnte. Dies führte in kurzer Zeit zu Schaltkreisen, die ständig größer werdende Datenmengen speichern konnten – der Speicherkomponente von Computern. Der integrierte Schaltkreis war ein Durchbruch, doch er war auch Teil eines langen Entwicklungsprozesses der Miniaturisierung elektrischer Schaltkreise. Lange vor der Erfindung des Transistors hatten Hersteller von Hörgeräten nach Wegen gesucht, ihre Produkte so klein und so leicht wie möglich zu machen, sodass sie am Körper getragen und nach Möglichkeit sogar verborgen werden konnten. Dieser Impuls in Richtung einer Miniaturisierung der Vakuumröhren hatte einen direkten Einfluss auf eine der berühmtesten Geheimwaffen des Zweiten Weltkriegs: den Annäherungszünder. Hierbei handelte es sich um ein Gerät, das Radiowellen verwendete, um einen Sprengkörper in der Nähe eines feindlichen Flugzeugs zu zünden, und zwar in einer Entfernung, der als der zu dessen Zerstörung wirksamste Abstand berechnet worden war, ohne dazu einen direkten Treffer zu benötigen. Verbunden mit den bereits erwähnten analogen Waffenlenksystemen gab der Annäherungszünder den Alliierten eine leistungsstarke Waffe, besonders gegen die deutsche V-1 Flugrakete. Der Annäherungszünder musste in das Gehäuse eines Sprengkörpers passen (er war »etwa von der Größe eines Eishörnchens«), und widerstandsfähig genug sein, um den Stoß und die Vibration während des Abfeuerns überstehen zu können.[1] Aus dieser Arbeit gingen nicht nur robuste Miniaturröhren hervor, sondern auch der gedruckte Schaltkreis. Bei dieser Herstellungsmethode wurden die Komponenten eines Bauelements miteinander verbunden, indem man auf eine flache Scheibe aus Isolationsmaterial ein leitfähiges Material aufbrachte, statt die Bauteile mit Hilfe von Drähten zu verbinden. Abkömmlinge dieser gedruckten Schaltkreise findet man im Inneren beinahe aller modernen Digitalgeräte. Das eigentliche Konzept, das Drucken eines Schaltkreises, sollte viel mit der Erfindung des integrierten Schaltkreises selbst gemeinsam haben, die Jahrzehnte später erfolgte.

Ein charakteristisches Merkmal von Computern, das Laien am meisten verblüffet, ist dies: dass solche erstaunlichen Leistungen aus einer Kombination von nur wenigen grundlegenden logischen Schaltkreisen, den AND-, OR- und NOT-Schaltkreisen der Logik oder deren mathematischem Äquivalent: der Addition, Multiplikation oder Negation und den Zahlen 1 und 0, resultieren können. Die Antwort hierauf lautet, dass diese Schaltkreise in ausreichend großer Zahl zusammengefasst werden müssen: ein paar Dutzend zur Erledigung einfacher arithmetische Aufgaben, ein paar Hundert zur Durchführung komplexerer Berechnungen, Zehntausende zur Herstellung eines Digitalcomputers, Millionen oder Milliarden zur Speicherung und Bearbeitung von Bildern, usw. Neben den aktiven Komponenten, wie Vakuumröhren oder Transistoren, benötigt ein Computer außerdem zahlreiche passive Bauelemente, wie zum Beispiel Widerstände, Dioden und Kondensatoren. Das Schlüsselelement des Computerdesigns, unabhängig davon, ob es um Software oder Hardware geht, ist die Handhabung der Komplexität: von der unteren Ebene der logischen Schaltkreise zu den immer höheren Ebenen, die ineinander verschachtelt sind. Man kann dies mit der Zahl der Neuronen im Gehirn von Tieren vergleichen: vom Flachwurm zur Katze und zum *Homo sapiens*. Die Geschichte der Erforschung künstlicher Intelligenz hat allerdings gezeigt, dass der Vergleich des menschlichen Gehirns mit einem Computer ebenso verzerrend wie erhellend sein

Das Schlüsselelement des Computerdesigns, unabhängig davon, ob es um Software oder Hardware geht, ist die Handhabung der Komplexität: von der unteren Ebene der logischen Schaltkreise zu den immer höheren Ebenen, die ineinander verschachtelt sind. Man kann dies mit der Zahl der Neuronen im Gehirn von Tieren vergleichen: vom Flachwurm zur Katze und zum *Homo sapiens*. Die Geschichte der Erforschung künstlicher Intelligenz hat allerdings gezeigt, dass der Vergleich des menschlichen Gehirns mit einem Computer ebenso verzerrend wie erhellend sein kann.

kann. Eine bessere Analogie könnte darin bestehen, die Komplexität eines Computerchips mit den Straßen einer Metropole, wie etwa Chicago, zu vergleichen: eine so große Stadt kann Einrichtungen unterstützen, die man in kleinen Städten nicht findet, wie zum Beispiel ein Sinfonieorchester, Teams von Mannschaftssportarten in höheren Spielklassen und internationale Flughäfen.

Während der Konstruktion des ENIAC erkannten Eckert und Mauchly die Notwendigkeit, mit der Komplexität fertig zu werden. Hierzu entwarfen sie Standardmodule, die ein paar Dutzend Röhren und andere Komponenten enthielten. Diese dienten den Grundoperationen der Addition sowie der Speicherung von Dezimalzahlen. Wenn ein Modul ausfiel, konnte es schnell gegen ein Ersatzmodul ausgetauscht werden. In den 1960er Jahren entwickelte IBM, was das Unternehmen selbst als »Standardmodularsystem einfacher Schaltkreise« bezeichnete. Sie wurden auf eine Schaltkreisplatine etwa von der Größe einer Spielkarte gedruckt, und IBM verwendete sie für seine Mainframes. Auch das erste Produkt der Digital Equipment Corporation waren logische Module, die komplexe Operationen durchführten, die mit großer Wahrscheinlichkeit in einem digitalen Computersystem eingesetzt wurden. Diejenigen Hersteller, die Computer ohne eine solche Modularität entwarfen, stellten fest, dass es fast unmöglich war, ihre Systeme zu warten und deren Fehler zu beheben, da es in ihnen – im wahrsten Sinne des Wortes – »drunter und drüber« ging.

Die Erfindung des integrierten Schaltkreises

Der nächste logische Schritt in diese Entwicklung bestand darin, sämtliche Elemente eines dieser Module auf einem einzelnen Chip unterzubringen, entweder aus Germanium oder Silicium. Dies war erst möglich, als der Transistor selbst von dem primitiven Bauelement, dass er im Jahr 1947 noch war, zu einem zuverlässigen Bauteil geworden war. Dies geschah etwa um 1959. Es war noch ein weiterer Schritt erforderlich, und dieser bestand darin, dass man verstand, wie die Transistoren mit ihren passiven Komponenten, wie Widerständen und Kondensatoren, auf dem selben Materialstück integriert werden konnten. Die passiven Komponenten waren kostengünstig (sie kosteten jeweils nur ein paar Pfennig) und robust. Warum sollte man sie aus demselben teuren Material anfertigen wie die Transistoren?

Der Grund hierfür ist folgender: die Herstellung der passiven Bauteile aus Germanium oder Silicium bedeutete, dass ein kompletter logischer Schaltkreis auf einem einzigen Chip untergebracht werden konnte, wobei die Verbindungen unter den einzelnen Bauteilen integriert waren. Dies machte es erforderlich, eine Methode zu finden, mit der man Leitungswege auf den Chip aufbringen und die verschiedenen Elemente voneinander isolieren konnte. Der konzeptionelle Durchbruch war im Prinzip der erste Schritt: den Schaltkreis als ein Ganzes anzusehen, statt als etwas, das aus getrennten Komponenten bestand. Jack Kilby, der bei Texas Instruments in Dallas arbeitete, tat 1958 diesen Schritt. Bevor er zu Texas Instruments kam, hatte Kilby für eine Firma namens Centrallab in Milwaukee gearbeitet, einem Branchenführer in der Herstellung gedruckter Schaltkreise. Als er zu Texas Instruments wechselte, arbeitete das Unternehmen an einem staatlich geförderten Projekt, dem Mikromodule, bei dem es darum ging, Bauteile auf ein Keramikplättchen aufzubringen. Kilby hielt diese Vorgehensweise nicht für rentabel, obwohl IBM später etwas Ähnliches für seine Mainframes verwenden sollte. Im Sommer 1958 hatte Kilby die Idee, sämtliche Komponenten eines Schaltkreises aus demselben Material herzustellen. Er stellte zunächst die Durchführbarkeit der Idee unter Beweis, indem er einen gewöhnlichen Schaltkreis aus separaten Komponenten anfertigte, allerdings waren alle von ihnen, einschließlich der Widerstände und Kondensatoren, statt aus den herkömmlichen Materialien aus Silicium gefertigt. Im September baute er einen anderen Schaltkreis, einen Oszillator, und dieses Mal waren alle Komponenten aus einer einzigen dünnen Scheibe aus Germanium hergestellt. Dünne Golddrähte verbanden die Elemente auf der Scheibe untereinander. Im Frühjahr des Jahres 1959 beantragte er ein Patent, das 1964 bewilligt wurde.

Als er von Kilbys Erfindung erfuhr, arbeitete Robert Noyce bei der Firma Fairchild Semiconductor in Mountain View in Kalifornien. Im Januar 1959 entwarf er in seinem

Labornotizbuch einen Plan, um dasselbe wie Kilby zu erreichen, allerdings mit einem Stück Silicium. Einer seiner Arbeitskollegen, Jean Hoerni, hatte ihm buchstäblich den Weg geebnet, indem er ein Verfahren zur Herstellung von Siliciumtransistoren entwickelte, dass sich für die Massenproduktion eignete. Er bezeichnete es als den Planarprozess. Wie der Name impliziert, ließen sich damit flache Transistoren herstellen (Andere Techniken erforderten erhöhte Metallleitungen oder, in Kilbys Erfindung, an der Oberfläche befestigte Drähte.). Das Verfahren eignete sich am besten für Silicium, wobei Siliciumoxidschichten verwendet werden konnten, um die Transistoren voneinander zu isolieren. Noyce beantragte im Juli 1959 ein Patent, wenige Monate nach Kilby (vgl. Abb. 4.1). Jahre später kam es in dem Streit um die konkurrierenden Behauptungen zu einem gerichtlichen Entscheid, in dem Kilby und Noyce, sowie ihren jeweiligen Firmen, je ein Teil der Anerkennung und der Anrechte zugesprochen wurde. Kilby erhielt für seine Arbeit den Nobelpreis für Physik des Jahres 2000. Noyce war 1990 im Alter von 62 Jahren gestorben. Hätte er länger gelebt, hätte er sich den Nobelpreis mit Kilby gewiss geteilt.[2]

Die Erfindung des integrierten Schaltkreises hatte zwei unmittelbare Auswirkungen. Die erste betraf die amerikanische Raumfahrtindustrie, die ständig einen Bedarf an Systemen hatte, die klein und leicht und – vor allem – zuverlässig waren. Es geschah häufig, dass die Entwickler von ferngelenkten Interkontinentalraketen in Verlegenheit gerieten, wenn wieder einmal ein Raketenstart fehlgeschlagen war. Es stellte sich dann später heraus, dass ein einfaches elektronisches Bauelement, das höchstens ein paar Dollar kostete, versagt hatte. In dem Maße, in dem die Systeme komplizierter wurden, nahm auch die Wahrscheinlichkeit von Verdrahtungsfehlern durch menschliches Versagen zu, wie sorgfältig man den Zusammenbau der Komponenten auch organisierte. Gegen Ende der 1950er Jahre war die US Air Force an der Konstruktion eines Lenksystems für die ballistische Feststofftrakete Minuteman I. beteiligt, wobei Zuverlässigkeit, Größe und Gewicht von kritischer Bedeutung waren. Bei den Arbeiten für das Minuteman-Projekt und verwandte Projekte wurde der entscheidend wichtige »Reinraum« eingeführt. Die Arbeiter in solchen Reinräumen trugen spezielle Kleidung, um die Materialien, mit denen sie zu tun hatten, staubfrei zu halten, und die Luft wurde stärker gefiltert als in den saubersten Krankenhäusern.

Bei jedem Herstellungsschritt jeder in einer Minuteman verwendeten Komponente führte man genauestens Protokoll darüber, wer mit diesem Bauteil was gemacht hatte. Bestand das Bauteil einen anschließenden Test nicht, so konnte man, selbst wenn der Test erst Monate später durchgeführt wurde, seine Herstellung genau nachverfolgen. Wenn das Versagen auf einen fehlerhaften Produktionsablauf zurückzuführen war, konnte man sämtliche Sys-

April 25, 1961 R. N. NOYCE 2,981,877

SEMICONDUCTOR DEVICE-AND-LEAD STRUCTURE

Filed July 30, 1959 3 Sheets-Sheet 1

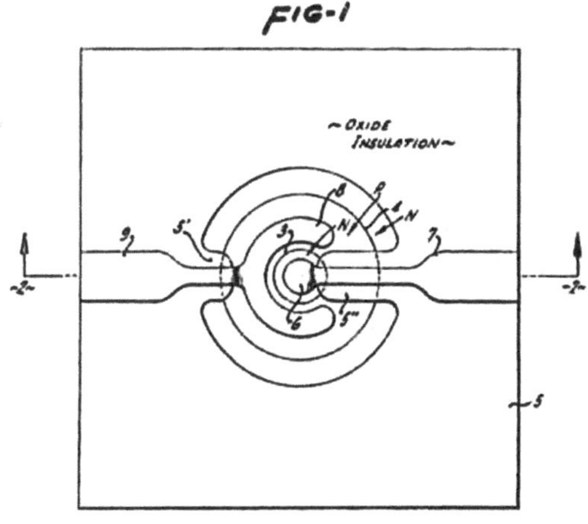

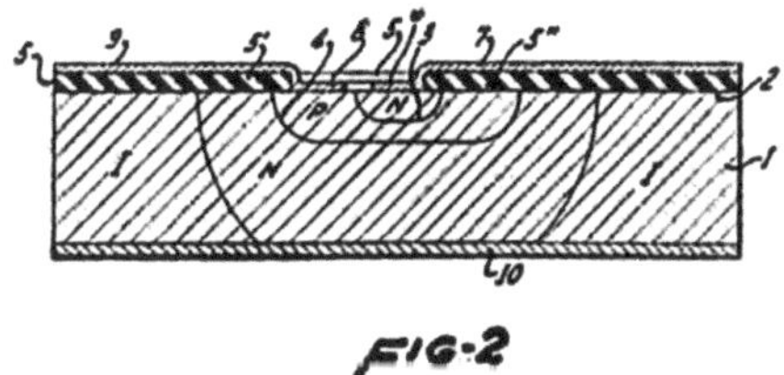

INVENTOR.
ROBERT N. NOYCE
BY Lippincott & Ralls
ATTORNEYS

Abbildung 4.1 Patent für den integrierten Schaltkreis, wie er von Robert Noyce von der Firma Fairchild Semiconductor erfunden worden war.

teme ausfindig machen, in denen Teile aus diesem Produktionsablauf verwendet worden waren und diese entfernen. Obwohl diese Anforderungen für Schaltkreise galten, die aus separaten Komponenten hergestellt wurden, waren sie auf die Herstellung von integrierten Schaltkreisen ebenfalls direkt anwendbar. Hierbei bedurfte es stets großer Anstrengungen, um aus einer Siliciumscheibe das zu erhalten, was die Ingenieure »eine Ernte guter Chips« nannten.

In den frühen 1960er Jahren stieß die US Air Force die Entwicklung einer verbesserten Minuteman-Rakete an, einer Rakete, deren Lenksystem wesentlich höhere Anforderungen stellte, als der Computer der vorhandenen Rakete erfüllen konnte. Die Neukonstruktion des Minuteman-Lenksystems führte um die Mitte der 1960er Jahre zu umfangreichen Ankäufen des neu erfundenen integrierten Schaltkreises durch die US Air Force, hauptsächlich von Texas Instruments. Diese Käufe trugen dazu bei, den integrierten Schaltkreises auch auf den kommerziellen Markt zu bringen. An die Minuteman-Aufträge schlossen sich wenig später NASA-Aufträge für den Lenksystemcomputer des Apollo-Raumschiffs an, das zwischen 1969 und 1972 erstmals Astronauten auf den Mond brachte. Es ist keine Übertreibung, wenn man behauptet, dass in der Mitte der 1960er Jahre die Mehrzahl aller integrierten Schaltkreise der Welt sich entweder in den Lenksystemen der Interkontinentalrakete Minuteman oder in den Steuer- und Mondlandemodulen des Raumschiffs Apollo befanden.

Die Route 128 und Silicon Valley

Die Erfindung des integrierten Schaltkreises hatte zur Folge, dass die Minicomputer sehr viel schneller wurden. Das erste Modell des PDP-8 verwendete separate Komponenten, spätere Modelle hingegen integrierte Schaltkreise; und die Digital Equipment Corporation folgte mit weiteren Produkten, insbesondere dem PDP-11, dessen Leistungsfähigkeit an den Mainframe-Markt heranreichte. Eine Vielzahl konkurrierender Minicomputer-Unternehmen schloss sich DEC bald an. Mit Architekturen, die auf der Verfügbarkeit der von Fairchild, Texas Instruments und verwandten Firmen angebotenen standardisierten Logikchips basierten, fanden sie es relativ leicht, auf dem Markt Fuß zu fassen. Ihr Markteintritt wurde durch ein spezielles Produkt erleichtert, das von Fairchild angeboten wurde: einen Schaltkreis, der statt der damals üblicherweise verwendeten Magnetkerne als Speicher des Computers verwendet werden konnte. Die Kerne – kleine ringförmige magnetische Metallstücke, durch die Drähte geführt wurden – waren zwar kompakt, mussten jedoch in der Regel von Hand gefertigt werden, während aus integrierten Schaltkreisen bestehende Speicher zusammen mit den logischen Schaltkreisen produziert werden konnten. Mit ihrem Strombedarf, ihrer Größe und ihren elektrischen Eigenschaften passten sie gut auf die gedruckten Platinen, aus denen ein Computer bestand.

Viele dieser Mikrocomputerfirmen hatten ihren Standort entlang der Route 128 in den Vororten von Boston, andere befanden sich jedoch in der Nähe von Fairchild im Santa Clara Valley unterhalb von San Francisco. Don Hoefler, ein einheimischer Journalist, benannte die Region 1971 in »Silicon Valley« um. Seither kennt man sie unter diesem Namen. Fairchild war das führende Unternehmen, doch seit der Anfangszeit seiner Beschäftigung mit dem integrierten Schaltkreis begannen die besten seiner Mitarbeiter das Unternehmen zu verlassen und in räumlicher Nähe Konkurrenzfirmen zu gründen. Nach einem im Silicon Valley ständig erzählten Witz konnte ein Ingenieur eine neue Stelle finden, wenn er morgens versehentlich auf den falschen Parkplatz einbog. Der Exodus der Angestellten von Fairchild war allerdings ein Stück weit ein Fall von ausgleichender Gerechtigkeit: Fairchild war selbst die Gründung abtrünniger Mitarbeiter einer in Palo Alto von William Shockley, einem der Erfinder des Transistors, gegründeten Firma gewesen. Obwohl sich diese häufig nur kurzen Arbeitsverhältnisse anfänglich negativ auswirkten, trugen sie letztlich zum Erfolg von Silicon Valley als einem Motor der Innovation bei.

Zu den Ablegern von Fairchild gehörte auch ein Unternehmen namens Intel, das 1968 von Robert Noyce, dem Miterfinder des integrierten Schaltkreises, und Gordon Moore, der 1965 die schnelle Verdopplung der Kapazität von Halbleiterspeicherchips beobachtete, gegründet wurde. Wenig später schloss Andrew Grove, der ebenfalls bei Fairchild gearbeitet hatte, sich ihnen an. 1970 gelang Intel mit der Einführung eines Speicherchips, des 1103, der mehr als 1000 Bit Information (128 »Bytes«, wobei ein Byte als 8 Bit definiert ist) speichern konnte, ein großer Erfolg. Nach dieser Ankündigung waren Kernmagnetspeicher schon bald überholt. Dass Intel seinen Schwerpunkt auf einen Speicherchip legte, war kein Zufall und wies auf ein potentielles Problem der Erfindung hin: man konnte zwar einen komplexen Schaltkreis auf einem einzigen Siliciumchip konstruieren, doch je komplexer die Schaltkreise wurden, desto spezialisierter war ihre Funktion und daher umso kleiner ihr Markt. Dies war das Grunddilemma der Massenproduktion seit Henry Ford versucht hatte sein Modell T* zu standardisieren. Die Speicherchips vermieden dieses Problem, da ihre Schaltkreise gleichmäßig gebaut waren und den Bedarf an Massenspeicher deckten, den jeder Computer hatte. Doch für andere Schaltkreise bestand das Problem fort. Wie es gelöst wurde, werden wir uns im nächsten Kapitel genauer ansehen.

* Das Modell T von Ford war bis zum Jahr 1972 das weltweit meistverkaufte Auto der Welt.

IBMs System/360

Inmitten dieser Revolution in der Halbleiterelektronik führte IBM eine neue Serie von Mainframes ein, die die Welt der Highend-Systeme ebenso stark veränderten wie diese Ereignisse die Welt der weniger teuren Computer. Im Jahr 1964 kündigte IBM seine System/360-Serie von Mainframes an. Der Name implizierte, dass diese Geräte auf den vollen Umfang der Erwartungen der Kunden aus der Wissenschaft und der Geschäftswelt eingingen, die vorher verschiedene Produktlinien gekauft oder geleast hätten. Das System/360 war nicht nur ein einzelner Computer, sondern eine ganze Familie von Maschinen: angefangen von einem kostengünstigen Modell, das dazu bestimmt war, den populären IBM 1401 zu ersetzen, bis zu Highend-Computern, die für numerische Berechnungen optimiert waren. Da jedes Modell (mit wenigen Ausnahmen) denselben Befehlssatz hatte, konnte Software, die für ein kleines Modell geschrieben worden war, auf ein größeres Modell eines Kunden übertragen werden, wenn seine Anforderungen wuchsen. Auf diese Weise war die Investition der Kunden in die Programme, die sie entwickelt hatten, geschützt.

Mit dieser Ankündigung setzte IBM »das Unternehmen aufs Spiel«, um einen an diesem Tag in einer berühmten Zeitschrift erschienenen Artikel zu zitieren.[3] IBM investierte enorme Ressourcen – für die es außerhalb der Regierung keine Parallele gab – nicht nur in die neuen Computer, sondern auch in Band- und Diskettenlaufwerke, Drucker, Kartenloch- und Lochkartenlesegeräte sowie in eine breite Palette anderen Zubehörs. Außerdem investierte IBM in ein neues Betriebssystem und eine neue Programmiersprache (Pl/1), die schließlich auch auf den Markt kamen, aber weniger erfolgreich waren. Glücklicherweise kamen Erweiterungen der vorhandenen FORTRAN- und COBOL-Software sowie Betriebssysteme, die unabhängig von IBMs Hauptproduktlinie entwickelt worden waren, dem Unternehmen zur Rettung. Die Ankündigung strapazierte die Ressourcen des Unternehmens, doch gegen Ende der 1960er Jahre hatte IBM seine Wette gewonnen. Das Unternehmen hatte nicht nur überlebt; es florierte – fast zu sehr, da es aufgrund der Zunahme seines Marktanteils, die es in den späten 1960er Jahren erreicht hatte, von Seiten des Staates nach dem Kartellrecht angeklagt wurde.

Hatte das System/360 wirklich den Bereich sämtlicher Anwendungen abgedeckt? Gewiss bestand nicht länger die Notwendigkeit, dass sich Kunden zwischen einem wissenschaftlich orientierten (wie dem IBM 7090) oder einem vergleichbaren Rechner zur Verarbeitung von Geschäftsdaten (dem korrespondierenden IBM-Produkt 7030) entscheiden mussten. Günstigere Modelle des System/360 reichten nicht bis zum Bereich des PDP-8-Minicomputers herab. Highend-Modelle hatten Schwierigkeiten, mit sogenannten Supercomputern zu konkurrieren, die von der

Control Data Corporation entwickelt wurden, deren leitender Ingenieur der legendäre Konstrukteur Seymour Cray war. Insbesondere der Control Data CDC-6000, der von Cray konstruiert worden war und zur selben Zeit angekündigt wurde wie IBMs System/360, wurde amerikanischen Forschungsstätten für Atomenergie, Aerodynamik und Wetterforschung angeboten und verkauft. Im Jahre 1972 verließ Cray Control Data, um ein Unternehmen zu gründen, das nach ihm selbst benannt war und in den folgenden zwei Jahrzehnten kontinuierlich hochleistungsfähige Supercomputer auf den Markt brachte, mit denen nur wenige Mitbewerber erfolgreich konkurrieren konnten. IBM machte sich keine Sorgen über die Bedrohung durch die Minicomputer, aber das Unternehmen war über die Bedrohung beunruhigt, die Control Data für seine High-End-Produktreihe 360 darstellte.

Ein weiterer schwerer Schlag gegen die Ankündigung von System/360 war besonders ärgerlich für IBM: Forscher, die an MITs Project MAC arbeiteten, gelangten zu dem Schluss, dass die Architektur von System/360 für Timesharing wenig geeignet war. Obwohl MIT für anfängliche Experimente IBMs 7090 Mainframes verwendet hatte, entschieden sich die Forscher für die nächste Phase von Project MAC für einen Computer von General Electric, von dem sie glaubten, er sei für ihre Anforderungen besser geeignet. Diese Wahl wirkte sich zwar auf IBMs Umsatz kaum aus – das Unternehmen lieferte so viele Exemplare des System/360 aus, wie es herstellen konnte –, doch einige Leute bei IBM glaubten, dass der stapelorientierte Betriebsmodus, und damit auch die gesamte 360-Architektur, schon bald veraltet sein und von interaktiven Systemen, die Timesharing unterstützten, abgelöst werden würden. IBM antwortete hierauf durch die Ankündigung von Modell 67 des System/360, das Timesharing zwar unterstützte, aber dessen Leistung enttäuschend war. Schließlich gelang es IBM leistungsstärkere Timesharing-Systeme anzubieten, doch war es die vernetzte Workstation, nicht das Timesharing, was den Stapelbetrieb verdrängte. Diese Workstations sollten jedoch erst viele Jahre später auf den Markt kommen. Das MIT hatte Schwierigkeiten, das Timesharing-Modell in größerem Maßstab zu realisieren, und wir sahen, dass die ARPA*, die ursprünglich ein starker Befürworter von Timesharing gewesen war, sich anderen Forschungswegen zuwendete, die es für vielversprechender hielt, einschließlich dem Networking, das dann zum ARPANET führte (mit dem eine Reihe von System/360-Computern verbunden waren). Timesharing verschwand jedoch nicht wieder; es entwickelte sich zur Client-Server-Architektur, einer Erfindung, die aus einer von der Xerox Corporation geführten Forschungsstätte in Silicon Valley stammte. Große dedizierte Mainframes, die man jetzt Server nannte, speichern und bearbeiten riesige Datenmengen,

* Advanced Research Projects Agency (eine Agentur für hochentwickelte Forschungsvorhaben)

und liefern diese Daten über Hochgeschwindigkeitsnetzwerke an leistungsstarke PCs, Laptops und andere »smarte« Geräte, die mit den »unintelligenten« Terminals des ursprünglichen Timesharings-Modells nichts mehr gemeinsam hatten. Diese Clients übernehmen einen Großteil der Datenverarbeitung, besonders der Verarbeitung von Bilddaten. Der Ursprung der Client-Server-Architektur ist eng mit dem Übergang vom ARPANET zum heutigen Internet verbunden. Den Einzelheiten dieser Geschichte werden wir uns in Kapitel 6 zuwenden.

IBM war sich der Erfindung des integrierten Schaltkreises und ihrer Folgen für das Computerdesign bewusst. Allerdings entschied sich das Unternehmen stattdessen, einen eigenen Schaltkreistyp für das System/360 zu entwickeln. Bei dieser »Festkörperschaltkreistechnik« wurden einzelne Komponenten auf einer Keramikscheibe untergebracht. Diese Entscheidung basierte darauf, dass IBM diese Schaltkreise zuverlässig und in größeren Mengen produzieren konnte. Dies war wichtiger als die Tatsache, dass der integrierte Schaltkreis das Potenzial hatten, die Festkörperschaltkreistechnik leistungsmäßig zu übertreffen. So sah man es 1964, als die Ankündigung gemacht wurde. Das rasante Tempo jedoch, mit dem die Technologie der integrierten Schaltkreise aus Silicon Valley kam, hatte zur Folge, dass IBM seine Entscheidung überdachte. Für das Folgesystem System/370, das gegen Ende des Jahrzehnts eingeführt wurde, wechselte das Unternehmen zu integrierten Schaltkreisen. Hinsichtlich der meisten anderen Aspekte stellte das System/370 einen evolutionären Fortschritt dar, der die grundlegende Architektur und die Produktreihe der Ankündigung von 1964 übernahm. Um die Mitte der 1970er Jahre hatte die Welt der Mainframes den Übergang zu integrierten Schaltkreisen vollzogen, wobei IBM eine marktführende Position hatte, obwohl eine Reihe von Konkurrenzfirmen dem Unternehmen auf den Fersen war: Burroughs, Univac, National Cash Register, Control Data und Honeywell. (Honeywell hatte 1970 die Computerreihe der Firma General Electric aufgekauft, und UNIVAC – das jetzt den Namen SperryUNIVAC hatte – übernahm 1971 die Kundenbasis von RCA.) Diese Welt befand sich in friedlicher Koexistenz mit der sich in ihren Anfängen befindenden Minicomputerindustrie, die von der Digital Equipment Corporation angeführt wurde. Dessen Hauptkonkurrenten waren Data General, Hewlett-Packard, eine andere Abteilung von Honeywell, Modular Computer Systems, sowie einige andere Firmen.

5

DER MIKROPROZESSOR

Ingenieure, die in der Halbleiterelektronik arbeiteten, erkannten 1970, dass sich die Zahl der auf einem integrierten Schaltkreis untergebrachten Komponenten etwa jedes Jahr verdoppelte. Andere Größen, welche die Leistung von Computern angeben, nahmen ebenfalls zu, und zwar mit exponentieller, nicht linearer Geschwindigkeit. C. Gordon Bell von der Digital Equipment Corporation erinnerte sich noch daran, dass viele in diesem Bereich arbeitende Ingenieure Millimeterpapier verwendeten, auf dem sie den Logarithmus der Leistung, der Prozessorgeschwindigkeit, des Preises, der Größe oder einer anderen Variable auf der Horizontalachse entlang der vertikalen Zeitachse aufzeichneten. Indem sie statt eines linearen einen logarithmischen Maßstab verwendeten, erschienen die technischen Fortschritte als gerade Linie, deren Steigung ein Hinweis auf die Zeit war, die es dauerte, bis sich die Leistung, Speicherkapazität oder Prozessorgeschwindigkeit verdoppelt hatte. Anhand der grafischen Darstellung der Trends in der Technologie der integrierten Schaltkreise konnte ein Ingenieur den Tag vorhersagen, an dem es möglich sein würde, einen Siliciumchip mit derselben Anzahl aktiver Komponenten (etwa 5000) herzustellen, die der Zahl der Vakuumröhren und Dioden im UNIVAC entsprach: dem ersten kommerziellen Computer, der 1951 in den USA auf den Markt kam.[1] In einem Cartoon, das mit Gordon Moores berühmtem Aufsatz von 1965 über die Verdopplung der Chipkapazität erschien, zeigte ein Verkäufer in einem Kaufhaus »handliche Heimcomputer« von der Größe eines Wörterbuches neben »Kurzwaren« und »Kosmetik«.[2] Doch wie auch Moore erkannte, war daraus nicht ersichtlich, wie man einen Computer auf einem einzelnen Chip unterbringen konnte, bzw. ob ein solches Gerät überhaupt praktisch umsetzbar sein würde. Das erinnert uns an das Model-T-Problem, das sich Henry Ford mit seinen massenhaft produzierten Automobilen stellte. Für Ford verringerten sich die Kosten des Model T durch die Massenproduktion, doch die Kunden mussten das Modell genau so nehmen, wie es hergestellt wurde (einschließlich seiner schwarzen Farbe), da Sonderwünsche den Prozess der Massenproduktion unterbrochen hätten.[3] Computeringenieure bezeichneten dies als das »Kommunalitätenproblem«: Mit zunehmender Dichte der Chips wurden ihre Funktionen immer spezialisierter, und die Wahrscheinlichkeit, dass ein bestimmter Logikchip bei einer Vielzahl von Kunden dieselbe Verwendung finden würde, ging ständig zurück.[4]

Ein zweites Problem hing mit der spezifischen Architektur eines »Computers auf einem Chip« zusammen. Seit der Zeit des von Neumann-Berichts von 1945 haben Computeringenieure sehr viel Zeit für die Planung der Architektur von Computern aufgewendet: zum Beispiel für die Planung der Anzahl und Struktur ihrer internen Speicherregister, der Art und Weise, wie sie arithmetische Berechnungen durchführen, und auf ihren Grundbefehlssatz.[5] Minicomputer-Unternehmen, wie die Digital Equipment Corporation und Data General, konnten sich behaupten, weil die Architektur ihrer Produkte derjenigen der von IBM angebotenen Produkte und der Mainframe-Industrie überlegen war. Würde Intel oder eine andere Firma der Halbleiterbranche einen Computer auf einem einzelnen Chip herstellen, säge sie einen der Äste ab, auf denen diese Firmen saßen. IBM war mit diesem Problem ebenfalls konfrontiert: Schließlich war es ein für IBM arbeitender Wissenschaftler, der das Wort »Architektur« erstmals zur Beschreibung des Gesamtdesigns eines Computers verwendete. Der Erfolg seines System/360 ging zu einem Großteil auf IBMs Verwendung der Mikroprogrammierung zurück, einer Innovation in der Computerarchitektur, die bis dahin hauptsächlich auf den Bereich einzelner Sonderanfertigungen von Spezialcomputern beschränkt war, die man für Forschungszwecke eingesetzte.[6]

Die Chiphersteller hatten es bereits mit einer einfacheren Version dieser Debatte zu tun gehabt: Sie produzierten Chips, die einfache logische Funktionen ausführten und eine respektable Leistung erbrachten, obwohl diese Leistung sich nicht mit derjenigen messen konnte, die auf Kundenbedürfnisse zugeschnittene Schaltkreise hatten, bei denen jedes einzelne Bauteil optimiert war. Hersteller von kundenspezifischen Schaltkreisen konnten zwar bessere Schaltkreise produzieren, von entscheidender Bedeutung war jedoch, dass dies den Kunden gleichgültig war; und zwar deshalb, weil die Leistung der integrierten Schaltkreise – bei drastisch niedrigerem Preis – gut genug war: Sie waren zuverlässiger, kleiner und verbrauchten deutlich weniger Energie.[7]

Dies war der Hintergrund, vor dem Intel seinen Chip 4004 ankündigte, der 1971 in einer Fachzeitschrift als »mikroprogammierbarer Computer auf einem Chip« angekündigt wurde. Intel war damit jedoch nicht allein. Andere Firmen, darunter auch eine Elektronikabteilung des Luftfahrtunternehmens Rockwell sowie Texas Instruments, kündigten wenig später ähnliche Produkte an. Wie bei der Erfindung des integrierten Schaltkreises war auch hier umstritten, wer den Mikroprozessor erfunden hat. Normalerweise wird dieses Verdienst Intel und seinen Ingenieuren Marcian (»Ted«) Hoff, Stan Mazor und Federico Faggin zugesprochen, wobei ein wichtiger Beitrag auf Masatoshi Shima zurückgeht, den Vertreter einer japanischen Rechenmaschinenfirma, die der erste Kunde sein sollte, der das Produkt kaufte. Was den 4004 und seine unmittelbaren Nachfolger, den 8008 und 8080, erfolgreich sein ließ, war die Tatsache, dass sie auf die beide zuvor erwähnten Kritikpunkte eine Antwort hatten. Intels Antwort auf den Kommunalitäteneinwand bestand darin, zusätzlich Input-Output- und Speicherchips einzuführen, die es den Kunden ermöglichten, die Funktionen des 4004 entsprechend ihren Anforderungen an eine Vielzahl unterschiedlicher Anwendungen anzupassen. Was den Vorwurf bezüglich des Rechnerdesigns betraf, so hatte Intel darauf durch das Angebot eines Systems geantwortet, das kostengünstig und klein war und wenig Strom verbrauchte. Außerdem machte Intel Ressourcen verfügbar, um den Kunden zu helfen, das System auch an Kontexte anzupassen, in denen vorher ein kundenspezifischer Schaltkreis verwendet worden war.

Indem er sich an seine Rolle bei dieser Erfindung erinnerte, beschrieb Hoff, wie beeindruckt er von einem kleinen, auf Transistorbasis hergestellten IBM-Computer namens 1620 war, der zur Verwendung durch Wissenschaftler bestimmt war. Um Geld zu sparen, reduzierte IBM den Befehlssatz des Computers auf eine fast absurde Weise, aber er funktionierte trotzdem und kam bei seinen Benutzern gut an. Der Computer verfügte noch nicht einmal über die Logik zur Durchführung einer einfachen Addition. Stattdessen griff er, wann immer er auf einen Additionsbefehl traf, auf einen Speicherort zu und rief die Summe aus einem Satz von vorausberechneten Werten ab.[8] Dies war die Inspiration, die Hoff und seine Kollegen zur Konstruktion und Herstellung des 4004 und seiner Nachfolger anregte:

einer Architektur, die sich in Silicium gerade noch realisieren ließ, mit einer guten Leistung, die auf ihrer Verbindung mit detaillierten Befehlen (Mikrocode genannt) beruhte, die im ROM* oder RAM** gespeichert waren (siehe Abb. 5.1).

Der Personalcomputer

Der Mikroprozessor war, mit der alleinigen Ausnahme des Flugzeugs, die größte Erfindung des 20. Jahrhunderts. Wie alle großen Erfindungen war er ebenso revolutionär wie nützlich. Die Vorteile, die sich daraus ergeben, die gesamte Funktionalität eines Allzweckrechners auf einem kleinen und robusten Chip zur Verfügung zu haben, sind wohlbekannt. Doch nicht alle sahen die Sache ebenso, angefangen – erstaunlicherweise – mit Intel, wo der Mikroprozessor erfunden worden war. Intel vermarktete die Erfindung an Industriekunden und konnte sich nicht vorstellen, dass sie irgendjemand nutzen wollen würde, um einen Computer für den persönlichen Gebrauch zu bauen. Das Unternehmen erkannte, dass der Verkauf dieses Gerätes wesentlich mehr Unterstützung erforderte als der einfacherer Computer. Es entwarf Entwicklungssysteme, die aus dem Mikroprozessor, einigen Nur-Lese- und Schreib-Lese-Speicherchips, einer Stromversorgung, einigen Schaltern oder

* Read-only-memory = Festwertspeicher

** Random-access-memory = Direktzugriffsspeicher

United States Patent [19]

Hoff, Jr. et al.

[11] **3,821,715**

[45] **June 28, 1974**

[54] **MEMORY SYSTEM FOR A MULTI-CHIP DIGITAL COMPUTER**

[75] Inventors: **Marcian Edward Hoff, Jr.**, Santa Clara; **Stanley Mazor**, Sunnyvale; **Federico Faggin**, Cupertino, all of Calif.

[73] Assignee: **Intel Corporation**, Santa Clara, Calif.

[22] Filed: **Jan. 22, 1973**

[21] Appl. No.: **325,511**

[52] **U.S. Cl.** .... **340/172.5**, 340/173 R, 340/173 SP, 307/238

[51] **Int. Cl.** **G06f 13/00, G11c 11/44**

[58] **Field of Search** .... 340/172.5, 173 SP, 173 R; 307/238, 279

[56] **References Cited**

UNITED STATES PATENTS

3,460,094	8/1969	Pryor	340/172.5
3,641,511	2/1972	Cricchi et al.	307/238 X
3,680,061	7/1972	Arbab et al.	340/173 R
3,681,763	8/1972	Meade et al.	340/173 R
3,685,020	8/1972	Meade	340/172.5
3,702,988	11/1972	Haney et al.	340/172.5
3,719,932	3/1973	Cappon	340/173 R
3,731,285	5/1973	Bell	340/172.5
3,735,368	5/1973	Beausoleil	340/173 R
3,737,866	6/1953	Gruner	340/172.5
3,740,723	6/1973	Beausoleil et al	340/172.5

OTHER PUBLICATIONS

Schuenemann, "Computer Control" in IBM Technical Disclosure Bulletin, Vol. 14, No. 12, May 1972; pp. 3794–3795.

Primary Examiner—Paul J. Henon
Assistant Examiner—Melvin B. Chapnick
Attorney, Agent, or Firm—Spensley, Horn & Lubitz

[57] **ABSTRACT**

A general purpose digital computer which comprises a plurality of metal-oxide-semiconductor (MOS) chips. Random-access-memories (RAM) and read-only-memories (ROM) used as part of the computer are coupled to common bi-directional data buses to a central processing unit (CPU) with each memory including decoding circuitry to determine which of the plurality of memory chips is being addressed by the CPU. The computer is fabricated using chips mounted on standard 16 pin dual in-line packages allowing additional memory chips to be added to the computer.

17 Claims, 5 Drawing Figures

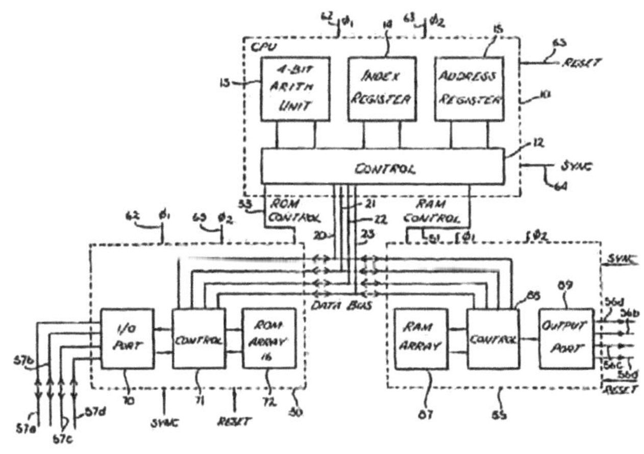

Abbildung 5.1 Patent für den Mikroprozessor

einer Tastatur zur Eingabe von Zahlen in den Speicher sowie einigen anderen Schaltkreisen bestanden. Intel verkaufte diese Bausätze an potentielle Kunden, in der Hoffnung, sie würden diese dazu verwenden, um integrierte Systeme zu entwickeln (z. B. für eine Prozesssteuerung für ein chemisches oder pharmazeutisches Unternehmen) und im Anschluss daran größere Mengen weiterer Chips bei Intel zu bestellen. Diese Entwicklerbausätze waren letztlich echte Computer und dies wurde auch von einigen Leuten erkannt. Als solche angeboten wurden sie allerdings nicht.

Bastler, Amateurfunker und andere, die mit der Halbleiterindustrie nur am Rande zu tun hatten, erfüllten diese Hoffnung nicht. Ein paar Experimentalbausätze wurden in Zeitschriften für Elektronikbastler beschrieben, einschließlich der Zeitschriften *73* (für Amateurfunker) und *Radio Electronics*. Ed Roberts, der Leiter eines Unternehmens in Albuquerque in New Mexico, das auf den Vertrieb von Elektronik für Raketenbastler spezialisiert war, ging noch einen Schritt weiter: Er entwarf einen Computer, der die Größe und das Aussehen eines der zur damaligen Zeit beliebtesten Minicomputer, des Nova von Data General, nachahmte und fast dieselbe Funktionalität hatte wie dieser, jedoch nicht annähernd so teuer war. Als Micro Instrumentation and Telemetry Systems (MITS) auf der *Popular Electronics*-Titelseite der Januarausgabe von 1975 ihren »Altair«-Bausatz ankündigten, öffnete dies die Schleusentore (siehe Abb. 5.2).

Abbildung 5.2 Der Personalcomputer Altair. Bildnachweis: Smithsonian Institution.

Genauso wie die Verfügbarkeit schneller und zuverlässiger Transistoren nach 1965 eine Reihe von Mikrocomputerunternehmen beflügelt hatte, feuerte die Verfügbarkeit der Mikroprozessoren und der damit verbundenen Speicherchips den Siegeszug der Personalcomputer an.

Die nächsten beiden Gruppen, die vom Mikroprozessor überrumpelt wurden, befanden sich in der Region um Boston. Wir haben bereits erwähnt, welche Auswirkungen es hatte, dass Minicomputerfirmen auf nur einem Chip über die Architektur etwa eines Data General Minicomputers verfügten. Ein weiterer Einfluss betraf die Entwicklung zukunftsweisender Software. 1975 war das Project MAC auf dem MIT-Campus in vollem Gange, und man ging an innovative Methoden zur interaktiven Nutzung von Mainframe-Rechnern auf vielfältige Weise heran. Im Mittelpunkt eines großen Teils der Arbeit dieses Teams stand die Entwicklung von Betriebssystemsoftware, die diesen Aufgaben gewachsen war. Etwa fünf Meilen westlich des MIT-Campus baute das Forschungsunternehmen Bolt Beranek and Newman (BBN) das noch in seinen Kinderschuhen steckende ARPANET, welches damals immer mehr Computer im ganzen Land miteinander verband. (Bei BBN wurde ein paar Jahre zuvor das @-Symbol für Emailadressen eingeführt.) Als Paul Allen, ein junger Ingenieur, der bei Honeywell arbeitete, und Bill Gates, der in Harvard studiert hatte, den Aufsatz in *Popular Electronics* sahen, verließen beide Cambridge und gingen nach Albuquerque, um Microsoft zu gründen, ein Unternehmen, das sich mit der Entwicklung von Software für den Altair befasste. Vielleicht wussten sie nicht viel über diese anderen Projekte in Cambridge, doch in Harvard hatte Gates Zugang zu einem hochmodernen PDP-10 Computer der Digital Equipment Corporation, und auf diesem Computer entwickelten sie in Albuquerque die erste Software für den Altair. Der Umzug nach Westen, den diese beiden jungen Männer unternahmen, war keine Ausnahmeerscheinung. In den nachfolgenden Jahrzehnten traf man die führenden Köpfe der Computerwelt immer häufiger in Seattle (wo Microsoft schließlich seinen Firmensitz hatte) und in Silicon Valley an (vgl. Abb. 5.3 und 5.4).

Der Altair befand sich schon bald im Wettbewerb mit einer Reihe von auf Mikroprozessoren basierenden Systemen. Genauso wie die Verfügbarkeit schneller und zuverlässiger Transistoren nach 1965 eine Reihe von Mikrocomputerunternehmen beflügelt hatte, feuerte die Verfügbarkeit der Mikroprozessoren und der damit verbundenen Speicherchips den Siegeszug der Personalcomputer an. Einige von ihnen, wie zum Beispiel der IMSAI, ahmten das Altair-Design ziemlich genau nach und enthielten nur graduelle Verbesserungen.

Andere Unternehmen verwendeten von Intels Konkurrenten angebotene Mikroprozessoren. Unter den beliebtesten befand sich ein Chip namens 6502, der von MOS Technology verkauft wurde. (MOS ist eine Abkürzung für »metal-oxide-semiconductor«*, ein Material, das sich für eine hohe Integrationsdichte auf einem Chip eignet.)[9] Der 6502 wurde 1975 auf einer Messe vorgestellt und für nur 25 Dollar angeboten. Andere PCs verwendeten Chips von

* Metalloxid-Halbleiter

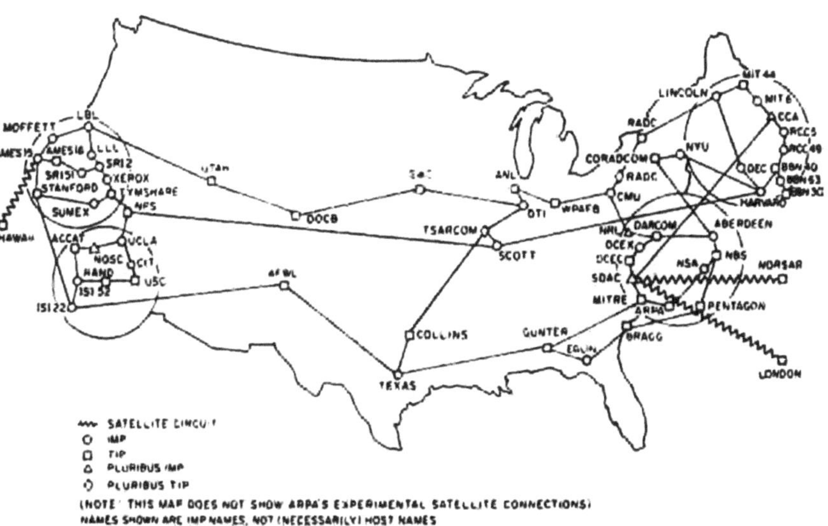

Abbildung 5.3 Karte des ARPANETs, etwa um 1974. Man beachte die Konzentration in vier Regionen: Boston, Washington, D.C., Silicon Valley und im südlichen Kalifornien. (Bildnachweis: DARPA)

Abbildung 5.4 Historische Straßenmarkierung auf dem Wilson Boulevard in Arlington in Virginia, die an den Standort des Firmensitzes der ARPA erinnert, wo in den frühen 1970er Jahren die technischen Spezifikationen für das ARPANET entwickelt wurden. Nach der gewöhnlichen Vorstellung des Internets befindet es sich in einem nicht fassbaren Raum. Tatsächlich befinden sich sein Management und seine Leitung in der Region von Washington DC, unweit des Pentagons. Bildnachweis: Fotografie des Autors.

Motorola und Zilog, dessen Z-80-Chip den Befehlssatz des im Altair verwendeten Intel 8080 erweiterte. Ebenso wie Intel Entwicklungssysteme baute, um es potentiellen Kunden zu ermöglichen, sich mit den Fähigkeiten des Mikroprozessors vertraut zu machen, bot MOS Technology einen Einplatinencomputer an, für dessen Design der 6502 von zentraler Bedeutung war. Der KIM-1 war zwar primitiv, aber zur Überraschung des Unternehmens ließ er sich gut an Bastler und Computer-Liebhaber verkaufen, die ein leidenschaftliches Interesse daran hatten, mehr über dieses Phänomen zu erfahren.[10] Die Unternehmensgruppe Radio Shack wählte den Zilog-Chip für einen Computer (den TRS-80), den es in seinen Geschäften verkaufte, und ein junger Computer-Liebhaber in Silicon Valley namens Steve Wozniak wählte den 6502 für einen von ihm entworfenen Computer aus, der später Apple 1 genannt wurde.

Die Verwandlung des Computers von einem zimmerfüllenden Ensemble von Maschinen zu einem Handgerät für den persönlichen Gebrauch ist ein Paradox. Einerseits war es das direkte Ergebnis von Fortschritten in der Halbleiterelektronik, die sich an die Erfindung des Transistors im Jahre 1947 anschlossen, und als solches ein Beispiel für den technologischen Determinismus: dafür, dass die Technologie soziale Veränderungen vorantreibt. Andererseits wurde der Personalcomputer von Computeringenieuren nicht vorhergesehen; vielmehr stand hinter seinem Erscheinen die Triebkraft idealistischer Visionen, durch die sich die Gegenkultur der Ära der 1960er Jahre auszeichnete. Betrachtet man die Sache so, dann war der Personalcomputer die Antithese des technologischen Determinismus. Beide Sichtweisen haben ihr Recht. In Silicon Valley gründeten junge Computer-Liebhaber, von denen viele die Kinder von Ingenieuren waren, die in der örtlichen Elektronik- oder Rüstungsindustrie arbeiteten, den Homebrew Computer Club. Sie trafen sich regelmäßig, um Ideen auszutauschen und sich gegenseitig ihre eigenen Designs für PCs vorzustellen. Der berühmteste dieser Computer war der Apple. Er war zwar der bekannteste, und wahrscheinlich am besten konstruierte, doch nur einer von buchstäblich dutzenden konkurrierender Mikroprozessorcomputer aus den gesamten USA und Europa. Ein anderer legendärer PC, der den 6502 verwendete, war der Commodore PET. Sein Nachfolger, der Commodore 64, verwendete eine weiterentwickelte Version des Chips und war einer der beliebtesten Personalcomputer der ersten Generation. Der Chip wurde auch in Videogame-Konsolen verwendet – Spezialcomputern, die sich in den frühen 1980er Jahren enormer Beliebtheit erfreuten.

Die Firma Micro Instrumentation and Telemetry Systems (MITS) konnte sich nur mit Mühe behaupten, doch das 1976 gegründete Unternehmen Apple war unter der Leitung von Wozniak und einem Freund, Steve Jobs, erfolgreich. (Ein dritter Gründer, Ronald Gerald Wayne, verkaufte schon bald für ein paar Tausend Dollar seinen Firmenanteil, da er die finanzielle Verantwortung fürchtete, die bei einem Konkurs des Unternehmens auf ihn zugekommen wäre.)[11] Das Besondere dieses Unternehmens war die Kombination aus Wozniaks technischem Talent und Jobs Vision des unbegrenzten Potenzials des Personalcomputers. Sein zweites Produkt, der Apple II, hatte nicht nur ein elegantes Design, sondern er war auch attraktiv verpackt und wurde professionell vermarket. Der finanzielle Erfolg von Apple machte die Firmen in Silicon Valley darauf aufmerksam, dass Mikroprozessoren zu mehr nützlich waren als lediglich dazu, in andere Rechner integriert oder in der Industrie eingesetzt zu werden. Es ist kein Zufall, dass auf diesen Computern auch Spiele installiert werden konnten, die denen ähnlich waren, die auf den Konsolen von Firmen wie Atari angeboten wurden. Hierbei handelte es sich um eine Funktion, die aus ökonomischen und sozialen Gründen auf einem Mainframe nicht zur Verfügung stand.

Bill Gates und Paul Allen erkannten sofort, dass das Potential des Personalcomputers von der Verfügbarkeit von Software abhing. Ihr erstes Produkt für den Altair war ein in der 8080-Maschinensprache geschriebenes Programm, mit dem Anwender Programme in BASIC schreiben konnten, einer einfachen, am Dartmouth College für Studenten im Grundstudium entwickelten Sprache, mit der sie das Programmieren lernen konnten. Am Dartmouth College wurde BASIC auf einem Mainframe von General Electric mit Timesharing verwendet. Die BASIC-Version, die Gates und Allen auf dem Altair zur Verfügung stellten, war zur Verwendung durch den Besitzer des Computers bestimmt, ohne jegliches Timesharing. Das war ein entscheidender Unterschied. Befürworter von großen Timesharing- oder vernetzten Systemen konnten nicht ganz nachvollziehen, warum jemand einen eigenen Computer besitzen wollte. Dieser Wunsch sollte das Wachstum der Computerindustrie in den nachfolgenden Jahrzehnten vorantreiben. Das Bild eines Unternehmens, das seine Kunden – nach dem Beispiel von Stromversorgungsunternehmen – mit Rechenleistung versorgt, war verführerisch. Als ein solches Unternehmen in Form des auf dem Internet basierenden World Wide Web auf den Plan trat, unterschied sich seine Form jedoch von der Vision der 1960er Jahre auf signifikante Weise, sowohl in technischer als auch in sozialer Hinsicht.

Andere von der ARPA finanziell unterstützte Forscher am MIT, in Standford und anderswo arbeiteten an Problemen der künstlichen Intelligenz: am Design von Computersystemen, die natürliche Sprache verstehen, Muster erkennen und aus einer Masse von Daten logische Schlussfolgerungen ziehen konnten. Die Forschungen zur künstlichen Intelligenz wurde auf großen Systemen durchgeführt, wie etwa dem PDP-10 der Digital Equipment Corporation, und normalerweise wurden dazu hochentwickelte, spezielle Programmiersprachen wie LISP verwendet. Forscher auf dem Gebiet der künstlichen Intelligenz waren der Überzeugung, Personalcomputer wie der Altair oder Apple II seien für solche Anwendungen nicht geeignet. Die Unternehmen entlang der Route 128 erzielten mit Minicomputern große Gewinne, und sie hielten die PCs für nicht leistungsstark genug, um ihrer Produktlinie gefährlich zu werden. Keine der beiden Parteien erkannte, wie schnell die nach dem Moore'schen Gesetz ständig zunehmende Rechenleistung, verbunden mit dem Enthusiasmus und Fanatismus der Computer-Liebhaber, einen Weg finden würde, die Mängel der frühen PCs auszuräumen.

Während die Beziehungen zwischen dem Homebrew Computer Club und der Gegenkultur im Bereich der Bucht von San Francisco legendär waren, erkannten gegen Ende der 1970er Jahre auch traditionelle Computeringenieure den Wert des Mikroprozessors.[12] IBMs Mainframes waren profitabel, und das Unternehmen wurde vor staatlichen Gerichten wegen Verletzungen des Kartellrechts verklagt. Eine kleine IBM-Arbeitsgruppe in Florida, weit entfernt vom Hauptsitz des Unternehmens in New York, begann einen Personalcomputer zu entwickeln, der auf Intels Mikroprozessor basierte. Der IBM Personalcomputer, oder PC, wurde 1981 angekündigt. Er verfügte zwar nicht über viel Speicher, doch zum Teil aufgrund des Namens IBM war er ein überragender Erfolg und eroberte die Geschäftswelt. Sein Betriebssystem wurde von Microsoft geliefert. Das Unternehmen schloss mit IBM einen gerissenen Vertrag ab, der es ihm erlaubte, das (als MS-DOS bekannte) Betriebssystem auch an andere Herstellerfirmen zu verkaufen. Diese Abmachung katapultierte Microsoft in die Ränge der reichsten Unternehmen der Branche, da andere Firmen Rechner auf den Markt brachten, die software-kompatible Nachbauten oder Klone des IBM PCs waren. Zu den erfolgreichsten dieser Firmen gehörten Compaq und Dell, obwohl der Markt eine Zeit lang mit konkurrierenden Firmen überschwemmt war. In den 1970er Jahren hatte IBM eine ähnliche Herausforderung mit Konkurrenzfirmen bestanden, die Mainframe-Komponenten verkauften, die sie als »anschlusskompatibel« mit der Produktlinie von IBM bezeichneten. (Diese Bezeichnung ging darauf zurück, dass ein Kunde eine IBM-Komponente, etwa ein Laufwerk, aus dem Rechner entfernen und das Produkt des Konkurrenzunternehmen einbauen und das System anschließend weiterarbeiten konnte.) Dieses Mal konnte IBM allerdings weniger Kontrolle über die Klone-Hersteller auszuüben. Außer dem Vertrag mit Microsoft gab es den offensichtlichen Faktor, dass die meisten Bauteile im Inneren des IBM PCs, einschließlich seines Intel-Mikroprozessors, von anderen Firmen geliefert wurden. Hätte sich IBM nicht mitten in einem Streit zur Abwehr einer Kartellrechtsklage befunden, die zum Teil auf seine Auseinandersetzung mit den »anschlusskompatiblen« Herstellerfirmen zurückging, wäre das Unternehmen den Plänen von Microsoft und den Klonherstellern möglicherweise zuvorgekommen. IBM tat dies jedoch nicht, was längerfristige Folgen für IBM, Microsoft und die gesamte Personal-Computer-Industrie hatte.

Ein Grund für den Erfolg des IBM PCs und des Apple II war die große Vielfalt der Anwendungsprogramme, die es den Besitzern dieser Systeme ermöglichten, Dinge zu tun, die sich auf einem Mainframe nur mühsam durchführen ließen. Die ersten Tabellenkalkulationsprogramme – VisiCalc für den Apple und Lotus 1-2-3 für den IBM PC – stammten von Herstellerfirmen in Cambridge in Massachusetts. Software-Lieferanten aus der gesamten USA folgten ihrem Beispiel. Wegen ihrer Interaktivität erlaubten Tabellenkalkulationsprogramme direktere und bessere Kontrolle über einfache Finanz- und damit zusammenhängende Daten als die besten Mainframes bieten konnten. Auf Grundlage seiner Ausgangsposition als Lieferant des Betriebssystems dominierte Microsoft schon bald auch den Markt der Anwendungssoftware, und wie im Falle von IBM führte diese Dominanz von Seiten des amerikanischen Justizministeriums zu kartellrechtlichen Klagen gegen das Unternehmen. Eine zweite wichtige Anwendung war die Textverarbeitung – die auf einem teuren Mainframe ebenfalls nicht praktikabel war, selbst wenn er im Timesharing-Modus verwendet wurde: in einer Mainframe-Installation wurden typischerweise wuchtige Drucker verwendet, die nur Großbuchstaben ausgaben. Eine Zeit lang wurde Textverarbeitung von Unternehmen wie Wang oder Lanier angeboten, mit Spezialgeräten, die auf eine Büroumgebung zugeschnitten waren. Sie waren genau so konstruiert, dass sie (typischerweise) von Sekretärinnen oder anderem Personal mit begrenzten Computerkenntnissen bedient werden konnten. Die Hersteller vermieden es absichtlich, sie als »Computer« zu bezeichnen, obwohl sie genau das waren. In dem Maße, in dem die Serie der IBM PCs mit leistungsstarken Druckern ausreifte, und als zuverlässige und leicht zu erlernende Textverarbeitungssoftware verfügbar wurde, verschwand diese Marktnische.

Xerox PARC

Der Erfolg von Apple stand in den späten 1970er Jahren in den Nachrichten über Silicon Valley im Vordergrund, doch ereigneten sich dort auch außerhalb des Rampenlichts ebenso tiefgreifende Innovationen, und zwar in einem von der Xerox Corporation eingerichteten Forschungslabor. Das Xerox Palo Alto Research Center (PARC) nahm 1970 seine Arbeit auf, zu einer Zeit, als Kritik an der Beteiligung der USA am Vietnamkrieg die frei sprudelnde finanzielle Unterstützung der Computerforschung durch das Verteidigungsministeriums zum Erliegen brachte. Die Änderung eines Gesetz aus dem Jahr 1970 über den Haushaltsplan des Verteidigungsministeriums, die nach Senator Mike Mansfield, der den Vorsitz über das Bewilligungskomitee führte, als »Mansfield Amendment« bezeichnet wurde, enthielt Bestimmungen, die die Vergabe von Fördermitteln für Forschungen im Beriech der Verteidigung darauf einschränkten, dass sie eine direkte Anwendung auf militärische Anforderungen haben mussten. Die Mitglieder dieses Komitees gingen davon aus, dass die NSF* einige der fortgeschritteneren Forschungen der ARPA übernehmen würde, dies geschah jedoch nicht (auch wenn die NSF die Führung bei der Entwicklung von Computernetzen übernahm). Xerox zog den größten Nutzen aus dieser Gesetzesänderung. Seine Forschungsabteilung in Palo Alto konnte viele der besten Wissenschaftler anwerben, die vorher von der ARPA finanziert worden waren, und aus dem Xerox-Forschungslabor gingen technische Neuerungen hervor, die die digitale Welt definieren sollten: die in separaten Fenstern laufenden Programme, das lokale Netzwerk (LAN**), der Laserdrucker, die nahtlose Integration von Bild und Text auf einem Bildschirm. Die Ingenieure von Xerox entwickelten eine Computerschnittstelle, die Symbole verwendete – Symbole für bestimmte Aktionen –, die die Anwender mit einer Maus auswählten. Die Maus war ganz in der Nähe von Douglas Engelbart an der Stanford University erfunden worden. Engelbart verdankte seine Inspiration, über die Interaktion zwischen Mensch und Computer zu forschen, der Lektüre von Vannevar Bushs Aufsatz »As We May Think***«

* National Science Foundation = Nationaler Fond für Wissenschaftsförderung

** Local Area Network

*** »Wie wir denken werden«. Der Essay entwirft die Idee einer universalen Wissensmaschine, die als Vorläufer des Personalcomputers angesehen wurde.

in der Zeitschrift *Atlantic Monthly*.[13] Einige dieser Ideen zur Verwendung dessen, was wir heute eine grafische Benutzeroberfläche nennen, waren schon früher in der RAND Corporation in Südkalifornien entwickelt worden, doch wuchsen diese Ideen erst im Xerox-Forschungszentrum PARC zu einem System zusammen, das auf einem von Xerox entworfenen Computer basierte. Es wurde 1983 fertigstellt und hatte den Namen »Alto«.

Es gelang Xerox jedoch nicht, diese Innovationen in erfolgreiche Produkte zu übersetzen. Eine Vereinbarung mit Steve Jobs, der das Forschungslabor damals besuchte, hatte jedoch zur Folge, dass diese Schnittstelle, als Benutzeroberfläche des Apple Macintiosh, der 1984 auf den Markt kam, ihren Weg zu den Kunden fand. An den Macintosh schlossen sich Produkte von Microsoft an, die ebenfalls aus Xerox-Produkten abgeleitet waren. Dieser Transfer ging hauptsächlich auf Charles Simonyi zurück, einen Angestellten von Xerox, den Microsoft angeworben hatte. Xerox-Innovationen sind so weit verbreitet, dass wir sie als selbstverständlich hinnehmen, besonders die Fähigkeit von Textverarbeitungsprogrammen, auf dem Bildschirm dasjenige exakt wiederzugeben, was auf der gedruckten Seite erscheinen wird. Man bezeichnet dies als ihre sogenannte WYSIWYG*-Eigenschaft. Anwender sind mit die-

* »What You See Is What You Get« = »Was du siehst, ist, was du bekommst.« Der Ausdruck geht auf die weitgehend vergessene Fernsehkommödie Laugh In zurück.

sen Innovationen vertraut, da sie ihnen tagtäglich begegnen. Von noch größerer Bedeutung für die Computerwelt war die Erfindung der Ethernet-Technologie, die auf die Xerox-Forscher Robert Metcalfe und David Boggs zurückgeht.[14] Dies war eine Methode, mit der man Computer und Workstations lokal miteinander verbinden konnte, zum Beispiel in einem Büro oder einem Fachbereich auf dem Campus einer Universität. Mit Hilfe einer gründlichen mathematischen Analyse, die in mancher Hinsicht dem Konzept der Datenpaketvermittlung für das ARPANET ähnelte, erlaubte Ethernet eine Datenübertragung, die um ein Vielfaches schneller war als diejenige, die bis dahin verfügbar war. Durch die Ethernet-Technologie wurde in die Praxis umgesetzt, was man jahrelang vergeblich versucht hatte, durch Timesharing zu realisieren: eine Methode zur gemeinsamen Nutzung von Computerressourcen, Daten und Programmen, ohne dafür Leistungseinbußen hinnehmen zu müssen. Das technische Ethernet-Design fügte sich nahtlos mit dem Aufkommen der mikroprozessor-basierten PCs und Workstations zusammen, um diese Änderung herbeizuführen. Die Terminals mussten nicht länger »unintelligent« sein, wie man sie bis dahin vermarktet hatte. Sie verfügten jetzt über eine beträchtliche Eigenleistung, besonders was ihre Verwendung von Bilddaten betraf.

6

DAS INTERNET UND DAS WORLD WIDE WEB

Während sich diese Ereignisse in Silicon Valley zutrugen, wurde das ARPANET immer umfangreicher. Die Anzahl der Knotenpunkte (19), die 1971 mit dem ARPANET verbunden waren, verdoppelte sich innerhalb von zwei Jahren. Im Jahr 1977, als der Apple II eingeführt wurde, hatte das Netz etwa 60 Knotenpunkte (Ein »Knotenpunkt« konnte ein mit dem Netz verbundener Computer oder ein einfacher Terminal sein, wie zum Beispiel der Teletype-Fernschreiber Model ASR-33.)[1]. Das Forschungslabor in Stanford, in dem Douglas Engelbart die Maus erfunden hatte, war 1970 eines der ersten, das über eine ARPANET-Verbindung verfügte. Das Xerox-Forschungslabor in Palo Alto bekam 1979 eine Verbindung. 1983 wechselte das ARPANET von seinem ursprünglichen Protokoll zur Weiterleitung von Datenpaketen zu einem Satz von Protokollen, der besser geeignet war, den wachsenden Netzwerkverkehr abzuwickeln. Das ursprüngliche Protokoll hatte zwei Teile: das Übertragungssteuerungsprotokoll (TCP*), das die Datenpakete zu Nachrichten zusammensetzte und sicherstellte, dass die Originalnachricht empfangen wurde, sowie das Internetprotokoll (IP) zur Weiterleitung der Pakete von einem Knotenpunkt zu einem anderen.[2] Ihre Kombination, TCP/IP, war hauptsächlich das Ergebnis der Arbeit von zwei Wissenschaftlern: Vint Cerf und Robert Kahn. Sie ist bis heute die Grundlage des Internets.

Die Entscheidung, das Protokoll aufzuteilen, basierte zum Teil darauf, dass in einer militärischen Umgebung Robustheit gefordert war. Das ursprüngliche ARPANET war so entworfen worden, dass während einer internationalen Krise oder sogar eines Atomkrieges eine zuverlässige Kommunikation sichergestellt war – erinnern wir uns an die Konferenz im November 1962, an der J. C. R. Licklider direkt nach der Kuba-Krise teilgenommen hatte. Einer der Erfinder des Konzepts der Datenpaketvermittlung, Paul Baran von der RAND Corporation, hatte die Notwendigkeit, in einer Krisensituation kommunizieren zu können, explizit als Ziel formuliert. Das moderne Internet entwickelte sich aus diesen anfänglichen Entscheidungen, die getroffen wurden, als das ARPANET aufgebaut wurde. Natürlich ist das Internet viel mehr als dies. Es ist nicht nur ein technisches Gebilde, sondern ebenso eine soziale und

* Transmission Control Protocol

politische Instanz. Es beruht zwar auf TCP/IP, aber so ziemlich alle anderen Aspekte sind im Vergleich zum ARPANET anders. Die ARPANET-Knotenpunkte wurden mit Hilfe von Datenübertragungsleitungen verbunden, die von AT&T oder anderen kommerziellen Anbietern gemietet wurden und eine Geschwindigkeit von 50 000 Bits pro Sekunde ermöglichten. Die Leitungen wurden später durch Richtfunkt und Satelliten ersetzt. Heute läuft der Datenverkehr hauptsächlich über Glasfaserkabel mit Geschwindigkeiten in wesentlich höheren Größenordnungen. Zugleich sind an die Stelle der Mainframes und Minicomputer des ARPANET enorm große Serverfarmen getreten, die aus riesigen Anordnungen von auf Mikroprozessoren basierenden Systemen bestehen, die Desktop PCs ähnlich sind. Die Topologie des frühen Netzes entwickelte sich zu einer Reihe von weltumspannenden Hochgeschwindigkeits-»Backbones«, wobei die Verbindung zu den von Einzelnen verwendeten Geräten auf der Individual- oder Büroebene letztlich über eine Hierarchie von untergeordneten Netzwerken erfolgt. Obwohl das Internet ein wahrhaft globales Phänomen ist, dominieren die von Osten nach Westen verlaufenden Backbones in den USA den Datenverkehr. Die Topologie dieses Netzes fügte sich mit einer Erfindung zusammen, die von den Gründungsvätern des ARPANET nicht vorhergesehen wurde: mit lokalen Netzwerken, besonders auf Ethernet-Technologie beruhenden Netzen. Von Adressen aus, die von ihren privaten verschieden sind, greifen Anwender über einen Desktop PC oder eine Workstation auf das Internet zu, wobei diese mit einem Ethernet verbunden sind, das an ein regionales Netz und dann an einen Backbone angeschlossen ist.

Die Leitung und Überwachung des Internets haben sich ebenfalls weiterentwickelt. 1983 richtete das Verteidigungsministerium der USA ein eigenes Netzwerk zur internen Verwendung ein (MILNET). Es übertrug die Leitung des restlichen Netzwerkes an die nationale Stiftung für Wissenschaftsförderung (NSF*), die ihrerseits zum Aufbau eines Netzwerks für akademische und Forschungszwecke Verträge mit kommerziellen Anbietern abschloss. Um diese Zeit kamen kommerzielle Netzwerke auf, die das Prinzip der Datenpaketvermittlung verwendeten. Innerhalb weniger Jahre war das »Internet«, wie man es jetzt nannte, zur kommerziellen Nutzung voll verfügbar.[3] Seit etwa 1995 lag die Verantwortung für die Leitung des Internets in den Händen des Handelsministeriums der USA. Hierzu gehörte auch die Genehmigung von Domain-Namen**, obwohl das Ministerium bis 2005 wartete, ehe es dies formal festlegte.[4]

Der Hauptunterschied zwischen dem ARPANET und dem Internet ist die soziale und kulturelle Komponente. Abermals traten die Kräfte auf den Plan, die das Phänomen

---

* National Science Foundation

** Der Name einer Domain, z. B. beispiel.de, die der Benutzer eingibt, wird von einem entsprechenden Server in eine IP-Adresse umgewandelt bzw. aufgelöst. Die Anfrage des Benutzers wird somit zum richtigen Rechner geleitet.

des PCs, das neben der vom ARPA finanziell geförderten Forschung koexistierte, vorangetrieben hatten.

Die frühen Anwender von PCs nutzen sie für Spiele, später dann für Tabellenkalkulations- und Textverarbeitungsprogramme, jedoch nicht für die Kommunikation. Dennoch hatte der PC das Potential, an das Netz angeschlossen zu werden. Was auf den PC generell zutraf, galt auch für seinen Anschluss an das Netz: Er erforderte Aufwand und Mühe auf Seiten der Besitzer. Die Verwendung des PCs im Netz wurde nicht so stark propagiert wie seine anderen Anwendungsmöglichkeiten. Hinweise auf ihre Bedeutung finden sich allerdings bereits in einigen der Publikationen aus der Anfangszeit des PCs. Im Jahr 1977 erschien die erste von vielen Auflagen des *Complete Handbook of Personal Computer Communications* von Alfred Glossbrenner. Der Autor vertrat darin die Auffassung, dass diejenigen, die keine der zahlreichen damals verfügbaren Online-Dienste nutzten, den wichtigsten Aspekt der gesamten PC-Revolution verpassten.[5] Er listete Dutzende von Datenbanken auf, auf die Anwender über ihre Telefonleitungen zugreifen konnten. Diese Datenbanken begannen als Spezialdienste für Unternehmen und professionelle Kunden und wurden nun jedermann zugänglich gemacht, um die Kosten ihrer Einrichtung zu amortisieren und den Markt zu erweitern. Es war eine positive Feedbackschleife: je mehr Personen auf diese Dienste zugriffen, desto mehr Grund hatten die Anbieter zusätzliche Informationskategorien anzubieten, was seinerseits wieder zu einer Zunahme der Anzahl der Kunden führte. Glossbrenner war nicht der einzige mit seiner frohen Botschaft. Alan Kay vom Xerox-Forschungslabor in Palo Alto machte die Bemerkung, dass »ein Computer in erster, zweite und dritter Linie ein Kommunikationsgerät ist«. Und Stewart Brand von *Whole Earth Catalog* behauptete: »›Die Telekommunikation ist unsere Gründungsdomäne.‹«[6] Im Jahr 1977 war der PC jedoch nicht hauptsächlich und in erster Linie ein Kommunikationsgerät. Er war nur mit Mühe und Not ein Computer. Ebenso wie Visionäre wie Steve Jobs und Steve Wozniak erforderlich waren, um aus dem PC eine brauchbare Maschine zu machen, erforderte es Visionäre wie Brand, Glossbrenner und Kay, um die Telekommunikation für diejenigen außerhalb der privilegierten Welt des ARPANET Wirklichkeit werden zu lassen.

Um einen PC anzuschließen, stellte man eine Verbindung zu einem Modem her, das Computersignale in hörbare Töne übersetzte, die das Telefonnetzwerk erkannte, und das dann die Übersetzung in umgekehrter Richtung vornahm. Die Verbindung zu einem Telefonnetzwerk wurde hergestellt, indem man den Hörer auf eine spezielle Telefongabel legte, die akustische Signale aufnahm. Später wurde dies durch eine Direktleitung ersetzt. Der Benutzer wählte dann eine örtliche Nummer und verband sich mit einem Service. Zusätzlich zu kommerziellen Diensten konnte man bei einem persönlichen lokalen »Bulletin Board« anrufen, wobei es sich um einen einfachen PC handeln mochte, der durch einen Festplattenspeicher erweitert worden war und einem Nachbarn gehörte. Befand sich der Service außerhalb des Bereichs für Ortsgespräche, zögerten die Benutzer – angesichts der Preisstruktur für Ferngespräche zur damaligen Zeit des AT&T-Monopols – eine Ferngesprächsnummer anzurufen. Bulletin Boards umgingen diese Einschränkung, indem sie Nachrichten oder Dateien speicherten und dann nachts, wenn die Gebühren günstiger waren, an ferngelegene Bulletin Boards sendeten. Kommerzielle Dienste schlugen einen anderen Weg ein: Sie richteten in Großstädten lokale Telefonnummern ein und verbanden die Leitungen über ihr privates Netzwerk untereinander. AT&T machte keinen Unterschied zwischen dem Geräusch einer Stimme und den Stakkatotönen über eine Telefonleitung gesendeter Daten, sodass eine lokale Datenverbindung für eine Einzelperson »gebührenfrei« zu sein schien. Die Dienste richteten unterschiedliche Preisstrukturen ein. CompuServe berechnete für die Einrichtung eines Anrufs und eine einstündige Verbindung mit seinem Service beispielsweise 19,95 $, sowie weitere 15,00 $ pro Stunde während der Geschäftszeit. Abends nach der Geschäftszeit und am Wochenende waren es nur 12,50 $. *The Source* verlangte eine monatliche Gebühr von 10,00 $ sowie zusätzliche ein Gebühr für jede Stunde Verbindungszeit, abhängig von der Übertragungsgeschwindigkeit, usw.[7] NEXIS berechnete 50,00 $ im Monat und zusätzlich 9,00 $ bis 18,00 $ pro Suchanfrage während der Geschäftszeit. (Dieser Dienst war offensichtlich nicht zur gelegentlichen privaten Nutzung bestimmt.)[8] Die meisten dieser Dienste unterhielten eine zentrale Datenbank auf Mainframes[9] und waren wie ein »Nabe-und-Speichen«-System strukturiert; was auf die Timesharing-Dienste zurückging, in denen sie ihren Ursprung hatten.

Jahre bevor das Wort *Cyberspace* in Mode kam, erkannte Glossbrenner, dass *The Source*, die ihren Sitz im Norden von Virginia hatte, einen neuen Bereich sozialer Interaktion schuf, einer Interaktion, wie sie sich Licklider nur unter Wissenschaftlern und Militärs vorstellen konnte. Indem Millionen von Menschen tägliche ihre Facebook-Seiten aufsuchen und aktualisieren, lebt *The Source* weiter. Als sie 1989 aufhörte zu existieren, notierte Glossbrenner: »Sie war das System, das am Anfang von allem stand. Sie machte die Fehler und erlebte die Erfolge, die den Weg für diejenigen ebnete, die ihr folgten. Vor allem trug sie zu einer *Vision* davon bei, was ein Online-Dienst sein konnte und sollte.«[10]

The Source ging auf eine Erfindung von William von Meister zurück, der mehr Ideen hatte, als man verwirklichen konnte. 1979 wurde von Meister aus dem von ihm gegründeten Service verdrängt.[11] Unbeirrt gründete er einen anderen Service, der Kunden Songs über das Telefon lieferte, und schließlich ein weiteres Unternehmen, Control Video Corporation, dessen Ziel es war, es Besitzern von Atari Game-Konsolen zu ermöglichen, online miteinander zu spielen.[12] Dieser Dienst zog die Aufmerksamkeit von

Steve Case, einem Marketingfachmann von Pizza Hut, auf sich. Case war für die Sache der Firma gewonnen, nachdem er sich mit einem Kaypro-Computer aus seinem Appartement in Wichita in Kansas in das Netz eingeloggt hatte. Er schloss sich Control Video an und versuchte das Unternehmen wieder zu neuem Leben zu erwecken. 1985 gründete er, mit finanzieller Unterstützung eines örtlichen Unternehmers in Washington, die Firma Quantum Computer Services, die später in America Online (AOL) umbenannt wurde.[13] Gegen Ende der 1990er Jahre verband das Unternehmen mehr Menschen mit dem Internet – bis zu 30 Millionen – als irgendein anderer Dienst.

AOL war nicht allein. 1984 wurde Prodigy gegründet, und zwar mit vereinter Unterstützung von CBS, IBM und Sears. Das Unternehmen war ein Wegbereiter der Verwendung von Computergrafik zu einer Zeit, als auf PCs noch das Betriebssystem DOS lief, das keine grafische Benutzeroberfläche besaß, und Modems nur sehr langsame Übertragungsgeschwindigkeiten hatten. Prodigy umging diese Einschränkungen, indem es Bilddaten vorab auf den Computer des Benutzers lud. Diese Bilder machten den Dienst nicht nur attraktiver, sie boten außerdem Werbeträgern eine Methode, Abonnenten Anzeigen vorzulegen. Diese Werbeanzeigen wogen den größten Teil der Kosten wieder auf. Auf diese Weise nahm Prodigy das Geschäftsmodell des World Wide Web vorweg. Prodigy litt unter dem intensiven Gebrauch, den seine Benutzer von Email und Diskussionsforen machten. Dies beanspruchte zwar einen Großteil der Verbindungszeit, erlaubte aber nicht das Anzeigen von Werbung. Der Dienst versuchte außerdem die Diskussionen zu zensieren, was zu einer ablehnenden Reaktion der Abonnenten führte. In den Chat-Rooms von America Online legte man hingegen eine unbekümmertere Haltung an den Tag. Hier erhielten Freiwillige die Aufgabe, die Inhalte zu überwachen. Diese Freiwilligen lenkten die Diskussionen in den Chat-Rooms mit einer höchst zurückhaltenden Form der Zensur. In vielen Chat Rooms ging es um Verabredungen, Partnersuche oder Flirten. (Dabei half es, dass das eigene Aussehen nicht teil der Diskussionen war und dass während der Gespräche das eigene Geschlecht und die sexuelle Präferenz verschleiert werden konnten.) Wie bei Facebook 20 Jahre später war der Hauptgrund des Erfolges von AOL unausgesprochen aber jedermann klar.

Das Geschäftsmodell von AOL, soweit es von der NSF überhaupt verstanden wurde, war nicht etwas, wofür die NSF geworben hätte. Man muss sich stets daran erinnern, dass diese Anstrengungen von Glossbrenner, Brand und den anderen unabhängig vom – durch die NSF finanziell geförderten – Internet unternommen wurden. So erwähnte beispielsweise Stewart Brands bahnbrechendes Buch *Whole Earth Software Catalog*, das er 1984 veröffentlichte, das Internet mit keinem Wort.[14] Glossbrenner tat es in den frühen Ausgaben seines Buches ebenso wenig, und in den späteren Ausgaben erwähnte er »das Internet« (das er nicht als bekannt voraussetzte) als eines der vielen vorhandenen Netzwerke.

Auf halbem Wege zwischen dem Internet und diesen persönlichen Verbindungen gab es mehrere Netzwerke, die ebenfalls etwas zum »sozialen Gemisch« des Cyberspace beitrugen. Eines von ihnen war BITNET, das 1981 eingerichtet wurde, um IBM-Mainframes miteinander zu verbinden.[15] Dieser Dienst war für viele Studenten und Dozenten der Geisteswissenschaften, die ansonsten keinen Zugriff darauf hatten, häufig der Einstieg in die Verwendung von Netzwerken.[16] Einer seiner Bestandteile, der heute noch existiert, war »Listserv«: ein Diskussionsforum, das denjenigen ähnelte, die von *The Source* und CompuServ bereitgestellt wurden. Ein weiterer Dienst, Usenet, begann 1980 auf die gleiche Weise, und zwar als Verbindung zwischen Computern, die das Betriebssystem Unix verwendeten. Dies war ein von den Bell Laboratories entwickeltes Betriebssystem, das unter den Benutzern von Minicomputern über eine begeisterte Basisgemeinde von Programmierern verfügte. Der Name enthielt einen unterschwelligen Seitenhieb gegen das Betriebssystem Multics, welches für Project Mac entwickelt worden war, und das Probleme hatte, in die Produktion zu gelangen. Usenet war zwar zunächst nicht mit dem Internet verbunden, hatte aber dennoch große Auswirkungen. Dank finanzieller Unterstützung durch die ARPA gehörten die TCI/IP-Protokolle zum Lieferumfang von Unix, das Mitte der 1980er Jahre zu einem Standard für Internet-Software wurde. Schließlich konnten auch PCs, die das Betriebssystem Microsoft Windows verwendeten, eine Verbindung zum Internet herstellen. Wer Netzwerk-Software schrieb, musste Unix allerdings genauestens kennen. In Usenet-Gruppen verbrachten diese Programmierer sehr viel Zeit damit, die Programmierung und andere mit Unix in Zusammenhang stehende technische Fragen zu diskutieren. Die Usenet-Gruppen ließen den Diskussionen normalerweise freieren Lauf als es bei BITNET üblich war, worin sich die Subkultur der Unix-Programmierer widerspiegelte.

Die Rolle oder National Science Foundation*

Die NSF begann sich für Netzwerke zu interessieren, weil sie den Zugriff auf Supercomputer möglich machen wollte: teure Geräte, die an einigen Orten mit Unterstützung der NSF installiert werden sollten. 1986 verband die NSF fünf Supercomputer-Zentren miteinander und traf drei wichtige Entscheidungen, die von geschichtlicher Bedeutung sein sollten. Die erste Entscheidung war, die von der ARPA verbreiteten TCP/IP-Protokolle zu übernehmen. Obwohl dies rückblickend naheliegend scheint, war es das zum damaligen Zeitpunkt nicht.[17] Die zweite war, ein universales Netz-

* Nationale Stiftung für Wissenschaftsförderung

werk aufzubauen, das sämtlichen Forschern zugänglich sein sollte, nicht nur denen einer bestimmten Disziplin. Die dritte Entscheidung war, die Konstruktion eines Hochgeschwindigkeits-Backbones zu finanzieren, mit dem sich nicht nur diese Zentren, sondern auch lokale und regionale Netzwerke verbinden konnten.[18] 1987 vergab die NSF einen Auftrag, den ursprünglichen Backbone durch einen neuen zu ersetzen, der eine als T1 bezeichnete Geschwindigkeit besaß: 1,5 Millionen Bits pro Sekunde (Mbps). 1992 wurde die Übertragungsgeschwindigkeit des NSFNET auf 45 Mbps erhöht, was als T3 bezeichnet wurde. (Man vergleiche diese Geschwindigkeiten mit den wenigen Hundert Bits pro Sekunde, die den Benutzern von Heimcomputern, die über Telefone miteinander verbunden waren, zur Verfügung standen.)

Eine der Hauptfirmen, die diese Aufträge bekamen, war MCI. Das Unternehmen (jetzt als Tochtergesellschaft von Verizon) ist bis heute der Hauptträger des Internet-Backbone-Verkehrs. MCI ging aus einer Firma hervor, die 1963 gegründet wurde, um eine private Mikrowellenverbindung zwischen Chicago und St. Louis bereitzustellen. AT&T stellte sich MCI bei jedem Schritt entgegen, und erst 1971 konnte MCI seinen Dienst anbieten. Nachdem es diese Auseinandersetzung erfolgreich geführt hatte, schlug MCI eine andere Richtung ein. Das Unternehmen erkannte, dass Sprachverkehr eine Dienstleistung war, deren Gewinnspanne kleiner wurde, während der paketvermittelte

Datenverkehr exponentiell zunahm. MCI begann sich daher auf das Angebot von Backbone-Diensten für Datennetzwerke zu konzentrieren. Vertragspartner lieferten der NSF Mitte des Jahres 1988 einen T1-Backbone. 1990 verband das Netz etwa 200 Universitäten sowie andere staatliche Netzwerke miteinander, einschließlich der von der NASA und dem Ministerium für Energie betriebenen Netze. Es wuchs in einem rasanten Tempo. BITNET und Usenet stellten Verbindungen dazu her, zahlreiche andere einheimische und mehrere internationale Netzwerke ebenfalls. Als diese Verbindungen hergestellt waren, war das ursprüngliche ARPANET überholt, und es wurde 1990 eingestellt.

Kommerzielle Netzwerke durften sich zwar mit dem Backbone verbinden, der Datenverkehr war jedoch durch die von der NSF so genannte »Nutzungsrichtlinie« eingeschränkt. Der Kongress konnte es der NSF nicht erlauben, ein Netzwerk zu unterstützen, das andere verwendeten, um damit Profite zu erzielen. Betroffene Firmen konnten sich zwar mit dem Netzwerk verbinden, doch durften sie es nicht für kommerzielle Zwecke nutzen.[19] 1988 erlaubte die NSF, dass MCI seinen Email-Service mit dem Netz verbindet, ursprünglich zu »Forschungszwecken«: um zu untersuchen, ob der Anschluss eines kommerziellen Emaildienstes realisierbar sei.[20] Diese Entscheidung wurde wahrscheinlich von Vint Cerf unterstützt, der an der Entwicklung des MCI-Emailprogramms gearbeitet hatte, während er bei dem Unternehmen angestellt war. Die MCI-Verbindung gab ihren Kunden Zugriff auf das wachsende Internet, und wenig später erhielten CompuServ und Sprint eine ähnliche Verbindung. Unter der Rubrik »Forschung« ließ sich vieles bewerkstelligen.

Die Struktur des NSF-Netzwerks motivierte regionale Netzwerke, sich mit dem NSF-Backbone zu verbinden. Dies erlaubte es Unternehmern, private Netzwerke einzurichten und mit dem Verkauf von Dienstleistungen zu beginnen. Damit verbunden war die Hoffnung eine Verbindung zum Backbone zu nutzen, um eine nationale und schließlich eine weltweite Reichweite zu erlangen. Die NSF hoffte ihrerseits, die Nutzungsrichtlinie würde kommerzielle Dienste dazu bewegen, die Einrichtung anderer Backbones zu finanzieren, und es der NSF erlauben, sich auf ihre Aufgabe der finanziellen Unterstützung wissenschaftlicher Forschung zu konzentrieren. Ab 1995 wurden schließlich sämtliche Internet-Backbone-Dienste von kommerziellen Institutionen betrieben. Zwischenzeitlich war die Nutzungsrichtlinie abgeschwächt worden. Dieser Meilenstein war in einem Zusatz zum Gesetz über Wissenschaft und Technik von 1992 enthalten, der die Vollmacht der NSF betraf. Das Gesetz wurde erlassen und trat durch die Unterzeichnung von Präsident George H. W. Bush am 23. November 1992 in Kraft.[21] Der vollständige Wortlaut von Absatz g ist folgender:

> »Bei der Realisierung von Unterabsatz (a) (4) dieses Abschnitts ist die Stiftung berechtigt, den Zugriff der Forschungs- und Bildungsgemeinschaften auf solche Computernetze zu fördern und zu unterstützen, die für *zusätzliche* Zwecke verwendet werden, die über die Forschungs- und Bildungszwecke in den Wissenschaften und im Ingenieurwesen hinausgehen, sofern diese zusätzlichen Verwendungen die Tendenz haben, die Gesamtressourcen der Netzwerke zur Unterstützung solcher Forschungs- und Bildungsaktivitäten zu stärken [Kursivierung hinzugefügt].«[22]

Mit dem Wort »zusätzlich« wurde das moderne Internet ins Leben gerufen, und die Rolle, die die NSF im Internet spielte, nahm ab.[23]

Das World Wide Web

Für einen Laien ist das Internet gleichbedeutend mit einem 1991 eingeführten Programm, das darauf ausgeführt wird: dem World Wide Web. Die stetige Zunahme der Vernetzung hilft diese Verwirrung zu erklären. Das ARPANET wurde von Angehörigen des Militärs geleitet, die sich zeitweilig fragten, ob man es erlauben sollte, dass Emails über das Netz ausgetauscht werden. Piloten kommerzieller Fluglinien und Fluglotsen ist es zum Beispiel verboten, ihre Radios für irgendetwas anderes zu verwenden als die Steuerung des Flugzeugs bei Start und Landung. Dieses Modell hatten die Gründer des ARPANETS vor Augen. Firmen wie IBM und DEC verfügten über ihre eigenen Netzwerke, die hauptsächlich für kommerzielle Zwecke verwendet wurden. Computer-Liebhaber, die Netzwerke von ihren Häusern aus betrieben, legten Wert auf denselben Idealismus, der auch den PC vorangebracht hatte. Das Internet umfasste alle diese Modelle, zum Teil aufgrund seiner offenen Protokolle, aus Mangel an geschützten Standards sowie dank seiner Fähigkeit, vorhandene Netzwerke unterschiedlicher Struktur (daher der Name »Internet«) miteinander zu verbinden. Das von Tim Berners-Lee und Robert Cailliau in der Europäischen Organisation für Kernforschung (CERN*) in der Nähe von Genf entwickelte Web setzte diesen Trend fort, indem es die gemeinsame, integrierte Nutzung unterschiedlichster Informationen über das Internet zuließ.[24] Die Software war kostenlos, und ist es bis heute.

Berners-Lee beschrieb, dass er seine Inspiration den diversen Gruppen von CERN-Physikern verdankte, die sich an strategischen Orten in den Fluren des Zentrums zufällig trafen und Informationen untereinander austauschten. Computernetzwerke hatten zwar vorgegebene Strukturen für den Austausch von Informationen, was ihnen aber fehlte, waren die glücklichen Zufälle, die niemand erzwingen

* Conseil Européen pour la Recherche Nucléaire = der Name des Rates, der mit der Gründung der Organisation beauftragt war.

kann, von denen Berners-Lee jedoch meinte, dass er ihnen Raum geben könne. Er wusste von einem als Hypertext, oder »nichtlineares Schreiben«, bekannten Konzept, auf das Vannevar Bush in seinem 1945 in der Zeitschrift *Atlantic Monthly* erschienen Essay hingewiesen hatte, und das Apple als eigenständiges Programm, Hypercard, in seine Macintosh-Serie von Computern implementiert hatte. Douglas Engelbart hatte darüber hinaus ein System entwickelt, das solche Texte benutzte. Für ihre Auswahl verwendete man seine Erfindung: die Maus. Hypertext wurde auch von Ted Nelson propagiert, einem Nachbarn von Stewart Brand in Nordkaliforniern, der das im Selbstverlag erschienene Manifest *Computer Lib* verfasst hatte. Als er sah, wie stark die Menge der Internetdaten zunahm, suchte Berners-Lee nach einem Weg, diese Konzepte in die Online-Welt zu übertragen. Seine Erfindung bestand aus drei grundlegenden Komponenten. Die erste war eine Internetadresse (URL*), mit der ein Computer zu einem beliebigen Ort des Internets gelenkt werden konnte – rund um die Welt, ein paar Türen weiter oder sogar auf die eigene Festplatte –, und zwar mit der gleichen Leichtigkeit. Man bezeichnete dies als »flachen« Zugriff. Die zweite war ein Protokoll, genannt »hypertext transfer protocol« (http), das sich eine Ebene über den Internetprotokollen befand und den Austausch von Dateien aus unterschiedlichen Quellen ermög-

* uniform resource locator

lichte, und zwar unabhängig von den Maschinen, auf denen sie sich befanden. Die dritte Komponente war eine einfache Hypertext-Auszeichnungssprache (HTML*). Hierbei handelte es sich um einen Teilsatz einer Formatierungssprache, der auf IBM-Mainframes bereits verwendet wurde. Dass HTML leicht zu erlernen war, erleichterte Anfängern die Gestaltung von Webseiten. Dank administrativer und technischer Unterstützung von Robert Cailliau lief das System Weihnachten 1990 auf Rechnern im CERN und im Jahr darauf breitete es sich über die ganze Welt aus.[25]

Berners-Lee schrieb außerdem ein Programm, einen sogenannten Browser, das Benutzer auf ihrem Computer installierten, um die über das Web übertragenen Informationen zu dekodieren und richtig anzuzeigen. (Der Ausdruck geht möglicherweise auf Apples Hypercard zurück.) Im Jahr 1992, als das Web sich über die Forschungslabore der Universitäten und der Regierung der USA auszubreiten begann, entwickelte eine Arbeitsgruppe am Supercomputerzentrum in Illinois, das von der NSF finanziell unterstützt wurde, das Konzept des Browsers weiter. Es fügte ihm aufwendige Grafikfunktionen hinzu und integrierte ihn nahtlos mit der Maus und mit Symbolbildern. Der Browser wurde Mosaic genannt. Seine Erfinder zogen später nach Silicon Valley und gründeten ein Unternehmen, Netscape, um eine ähnliche, kommerzielle Version des Browsers auf den Markt

* hypertext markup language

zu bringen. Microsoft sollte später einen anderen Abkömmling von Mosaic, Internet Explorer, als seinen eigenen Browser lizensieren. Ein wichtiges Merkmal des Netscape Browsers, über das andere nicht verfügten, war ein Verfahren zur sicheren Übertragung von Informationen, besonders von Kreditkartennummern, durch eine Verschlüsselung des Datenstroms. Diese als *Secure Socket Layer* bezeichnete Methode öffnete das Internet kommerziellen Transaktionen. Den Internet-Handel dominierten schon bald Firmen wie Amazon und eBay, die beide 1995 gegründet wurden. Eine weitere Funktion, die Netscape einführte, war eine Methode, die Interaktion eines Anwenders mit einer Website über mehrere Bildschirme hinweg zu verfolgen. Dies war zwar eine naheliegende Funktion, aber sie war nicht Teil der Web-Architektur. Der Browser von Netscape verwendete hierzu eine als »Cookie« (der Name stammte zweifellos aus der Fernsehserie *Sesame Street*) bezeichnete ID-Nummer.

Als Netscape im August 1995 einen Börsengang beantragte, führte der daraus resultierende Kaufrausch zu einer Aufblähung, der alles andere, was in Silicon Valley geschah, verblassen ließ. Dies Blase platzte schließlich, doch in ihrem Gefolge hatte sich das Web nicht nur als Informationsdienst etabliert, sondern auch als eine zukunftsfähige Geschäftsmethode.

1995 erhielten viele amerikanische Privathaushalte Zugang zum Internet. Anfänglich war der Vorgang kompliziert. Man musste dazu Kommunikations- und andere

Software auf seinen Computer laden, ein Konto bei einem Internet-Serviceanbieter einrichten und durch das Wählen einer Nummer über die Telefonleitung auf das Netzwerk zugreifen. Im Laufe der nächsten Jahre wurde der Vorgang einfacher, da ein Großteil der benötigten Software beim Kauf eines PCs bereits vorinstalliert war. In den meisten städtischen Gebieten wurden Wählverbindungen durch schnellere DSL*-Dienste oder eine Kabelfernsehleitung ersetzt. Gegen Ende der 1990er Jahre kam eine neue, als Wi-Fi bezeichnete Methode für den Internetzugriff auf. Sie begann als ein *ad hoc*-System, das wenig verwendete Abschnitte des elektromagnetischen Spektrums nutzte. Später wurde es vom IEEE** sanktioniert, das technische Wi-Fi-Spezifikationen als Standard 802.11b veröffentlichte. 2003 erhielt Wi-Fi weiteren Aufschwung von Intel. Das Unternehmen entwickelte Schaltkreise, »Centrino« genannt, in die die Wi-Fi-Fähigkeit integriert waren. Laptop-Computer, die für viele Anwender Desktop-PCs ersetzten, verfügten so über einen eingebauten drahtlosen Internetzugriff. Aufgrund seines technischen Designs hatte Wi-Fi nur eine begrenzte Reichweite. Viele Cafés, Restaurants, Flughäfen und andere öffentliche Plätze installierten den Service, den sie entweder gegen eine Gebühr oder kostenlos anboten.[26]

* digital subscriber line = digitale Teilnehmeranschlussleitung

** Institute of Electrical and Electronics Engineers = weltweiter Berufsverband von Ingenieuren aus den Bereichen Elektronik und Informatik

Obwohl Wi-Fi sehr beliebt war, gerieten die Bemühungen, es in großstädtischen Gebieten flächendeckend zu installieren, ins Stocken, ebenso wie die Bemühungen, einen schnelleren und leistungsstärkeren Nachfolger für den Standard 802.11b zu entwickeln. Es gab mehrere Gründe hierfür, unter anderem das Aufkommen der Mobilfunknetze, die es Benutzern ermöglichten, über die Frequenzen ihres Handys auf Email- und andere eingeschränkte Internetdienste zuzugreifen.

Das Smartphone

Die schnelle Zunahme der Kommunikation über Mobiltelefone, an der das kanadische Unternehmen *Research in Motion* und sein Handy, das Blackberry, maßgeblich beteiligt waren, ist ein weiteres Beispiel dafür, dass sich die Geschichte hartnäckig weigert, einen logischen, linearen Weg zu gehen. Die Erfinder der Mobilfunkdienste wussten zwar, dass sie für eine revolutionäre Veränderung der Art und Weise plädierten, wie Telefone sich untereinander verbinden; die Auswirkung ihrer Erfindung auf die Welt der Computer sahen sie jedoch nicht voraus. Mobile Telefondienste für private PKWs gab es bereits seit den 1950er Jahren, obwohl sie sehr eingeschränkt waren. Ein Anruf verwendete einen Einzelfrequenzkanal, von denen nur wenige für diese Nutzung bereitgestellt wurden, und die Radios mussten sehr leistungsstark sein, um einen ausreichend großen geografischen Bereich abzudecken, in dem sich der Wagen bewegen konnte. Ebenso wie die Datenpaketvermittlung die dedizierten Schaltkreise traditioneller Telefonverbindungen ersetzte, zerlegten die Mobilfunkdienste eine Region in kleine, als Zellen bezeichnete Bereiche. Die Telefone in jeder Zelle nutzten Frequenzen, die ohne Störungen durch die Telefone in anderen Zellen verwendet werden konnten, da sie mit niedrigerer Leistung arbeiteten. Diese Technik funktionierte durch die Übertragung oder Weiterreichung eines Anrufs von einer Zelle zu einer anderen, wenn der Anrufer sich bewegte. Selbstverständlich setzte sie eine komplexe Datenbank der Mobilfunkteilnehmer, eine Methode zur Messung der Stärke ihrer Signale relativ zu nahegelegenen Funktürmen sowie einen Umschaltmechanismus zur Übergabe eines Anrufs an eine benachbarte Zelle voraus, wenn sich ein Anrufer in deren Bereich hineinbewegte.

Die Theorie für einen solchen Dienst wurde nach dem Zweiten Weltkrieg in den Forschungslaboren der Firma Bell entwickelt, doch erst Jahre später praktisch umgesetzt. Eine der ersten Installationen erfolgte 1969 im nordöstlichen Korridor des Eisenbahnunternehmens Amtrak zwischen Washington DC und New York. Die Passagiere an Bord eines Zuges konnten Anrufe machen, die von einem Funkturm zum nächsten weitergereicht wurden, während der Zug die Strecke entlangfuhr. Weitere Einzelheiten dieser Geschichte gehen über den Rahmen dieser Darstellung hinaus, doch besteht weitgehend Übereinstimmung darüber, dass der »erste« Anruf mit einem Mobiltelefon in den USA am 3. April 1973 erfolgte, in dem Martin Cooper von Motorola mit einem Wissenschaftler in den Bell Laboratories sprach.[27] Motorolas offensive Werbekampagne für diesen Service hatte zur Folge, dass er über viele Jahre marktbeherrschend war. Die Beziehung zwischen diesen Ereignissen und der Entwicklung der Welt des Computers ähnelt derjenigen zwischen dem Morse-Telegraphen und dem Fernschreiber zur frühen Geschichte des Computers: beide Male handelte es sich um eine Konvergenz verschiedener grundlegender Technologien. Man hat das Internet als die Konvergenz des Fernschreibers und des traditionellen Mainframes bezeichnet. Beginnend etwa mit dem Jahr 2000 kam es zu einer zweiten Konvergenz: dieses Mal des privaten Computergebrauchs mit dem Radio und dem Telefon.

Das Blackberry erlaubte es einem Benutzer, auf das Emailkonto seines Unternehmens zuzugreifen und kurze Emails zu senden bzw. zu empfangen. Manager wurden schon bald davon abhängig. Ein weiterer Auslöser für die Konvergenz von Computer und Telefon kam von einer Firma in Silicon Valley, die bescheidenere Ziele verfolgte. 1996 stellte die Firma Palm, Inc. ihren Terminplaner vor, der schon bald als »persönlicher digitaler Assistent« (PDA*) be-

* personal digital assistant

zeichnet wurde. Er ersetzte das Adressbuch, die Aufgabenliste, den Kalender und das Notizbuch, welche die Leute mit sich herumtrugen. Der Palm Pilot war nicht das erste dieser Geräte, doch dank eines sorgfältigen Designs von Jeff Hawkins, eines der Firmengründer, hatte er eine einfache, leicht verständliche Benutzeroberfläche, die ihn auf Anhieb beliebt machte. Die Designer der Palm-Benutzeroberfläche waren – ebenso wie Martin Cooper, der die Bekanntheit seines Namens dem Mobiltelefon verdankt –, von den Steuerungen und besonders dem »Communicator« beeinflusst, den Captain Kirk in der Fernsehserie *Star Trek* verwendete.[28] Captain Kirks Communicator hatte ein aufklappbares Gehäuse, das eine Zeit lang auch bei Mobiltelefonen beliebt war (mittlerweile aber außer Mode gekommen ist).

Kurz nach der Gründung von Palm trennten sich Hawkins und zwei andere Mitarbeiter des Unternehmens und gründeten die Konkurrenzfirma Handspring, die ähnliche Geräte anbot. 2002 brachte Handspring einen PDA auf den Markt, der über eine Mobilfunkfunktion verfügte (oder vielleicht war es umgekehrt: ein Mobiltelefon mit PDA-Funktionen). Ebensowenig wie der Pilot der erste digitale Assistent war, war der Handspring Treo das erste Smartphone. Er verband aber die Funktionen eines Telefons und eines Computers besser als irgendein anderes Produkt, und er leitete die nächste Welle der Konvergenz in der Computerwelt ein. Diese Konvergenz wurde nicht nur durch Fortschritte in der Halbleiter- und Mobiltelefontechnologie verursacht, sondern auch durch die Konzentration auf die Interaktion des Benutzers mit dem Gerät – ein Thema, das bis in die Zeit des Zweiten Weltkriegs zurückreicht. Es dauerte nicht lange, bis Smartphones mit Wi-Fi- und Mobilfunkempfang, GPS*-Navigationssystemen, Bild- und Videokameras, ja sogar mit Gyroskopen und Beschleunigungsmessern ausgestattet waren, die Miniaturversionen von Komponenten verwendeten, die in Raketenlenksystemen eingesetzt wurden (siehe Abb. 6.1).

Handspring und Palm fusionierten später, doch gelang es ihnen nicht, ihre Vorrangstellung zu behaupten. 2007 stellte Apple sein iPhone vor und löste damit einen Rausch aus, der demjenigen der Dotcom**-Blase der 1990er Jahre ähnlich war und bis heutige anhält. Wenige Jahre nach dem iPhone stellte Apple seinen iPad vor, einen Tablet-Computer, der ebenfalls in Mobilfunk- und Wi-Fi-Netzen verwendbar ist. Tablet-Computer waren von Computerfirmen schon seit Jahren angeboten worden, doch der iPad war wesentlich erfolgreicher. Zenons Paradoxon hindert mich daran, diese Geschichte weiterzuerzählen: Alles, was ich über Apple und seine Produktstrategie schreiben könnte, wird zu dem Zeitpunkt, zu dem dieses Buch erscheint, wahrscheinlich bereits überholt sein. Die Konvergenz ist

---

* global positioning system = globales Positionsbestimmungssystem

** »Dotcom« bezieht sich dabei auf die Internet-Domänenendung ».com« (engl. für Commercial).

Abbildung 6.1 Der Treo von Handspring. Der Treo eröffnete die Reihe einer Klasse von Geräten, die in den USA als Smartphones bezeichnet werden: eine Konvergenz einer Vielzahl digitaler Technologien in einem tragbaren Handgerät. Bildnachweis: Copyright © Hewlett-Packard Development Company, L.P. Wiederabdruck mit Erlaubnis.

jedoch eine Realität und sie wird ebenso sehr durch Apples Detailfreude in Designfragen (in der Nachfolge von Palm und Handspring) wie durch Fortschritte in der Halbleiterelektronik weiter vorangetrieben.

Wenn man diese Konvergenz zum Thema macht, muss man anerkennen, dass das Smartphone, ebenso wie das World Wide Web vor ihm, nicht ohne Mängel ist. Diese tragbaren Geräte funktionieren sowohl auf Mobilfunk- als auch auf Wi-Fi-Netzwerken. Insofern verstoßen diese Geräte gegen die grundlegenden Ziele, für die sich Vint Cerf, Robert Kahn und Tim Berners-Lee eingesetzt hatten, die Pioniere des Internet und des World Wide Web, die an der Schaffung eines Systems mit offenen Standards arbeiteten, das jedermann zugänglich sein sollte. Smartphones bieten kabellose Verbindungen, wo Wi-Fi nicht verfügbar ist. Doch das hat seinen Preis: höhere Kosten, ein kleines Display, keine Maus, eine umständliche Methode der Dateneingabe und (in den USA) die Bindung an einen bestimmten Anbieter, der Schritte unternimmt, um die Abwanderung zu einem konkurrierenden Unternehmen zu verhindern.

Diese Entwicklung des Smartphones ist auch ein Beispiel für die Bedeutung des Mikroprozessors in der Geschichte der Technik. Ein iPhone oder iPad ist ein Gerät, das um einen Mikroprozessor gebaut ist. Es akzeptiert Bit-Strings als Eingabe und sendet Bitströme als Ausgabe. Programmierer legen die Beziehung zwischen diesen beiden Datenströmen fest. Zu den eingehenden Bits gehören digitalisierte Radiosignale, Töne, Kamerapixel, von einem GPS-Empfänger oder Beschleunigungsmesser eingelesene Daten, Text oder über einen Touch-Screen eingegebene Gleichungen – »alles Mögliche« im Sinne einer universalen Turing-Maschine. Bei dem ausgegebenen Bitstrom kann es sich um Sprache, Bilder, Filme, Töne, Text, mathematische Symbole – wiederum alles Mögliche handeln.

Soziale Netzwerke und Google

Smartphones waren eine Antwort auf eine Schwachstelle in der Konnektivität des Internets. Das ursprüngliche Web-Design hatte mehrere andere Mängel, auf die man zwischen seinem Anfang im Jahr 1991 und der Jahrtausendwende auf unterschiedliche Weise reagierte. Zu den ersten Antworten gehörten Netscapes Einführung von »Cookies« und die Spezifikation SSL* zur verschlüsselten Datenübertragung. Tim Berners-Lee beschrieb seine Hoffnung, dass das Schreiben im Web ebenso einfach sein würde wie das Lesen von Webseiten. Obwohl die Einfachheit von HTML es einem Anwender mit Computererfahrung erlaubte, eine Website zu erstellen, war dies nicht so einfach wie das Surfen im Web mit Hilfe einer Maus. Gegen Ende der 1990er Jahre ging man auf dieses Ungleichgewicht mit

* Secure Socket Layer

einer speziellen Website namens »Web Log« ein, deren Name bedauerlicherweise schon bald zu *Blog* abgekürzt wurde. Online-Beiträge erschienen seit den ersten Tagen lokaler Bulletin Board Systeme (BBS). CompuServ machte ein ähnliches Angebot, welches das Unternehmen mit den unbekümmerten Diskussionen im damals populären Jedermannfunk verglich. Programme, die diesen Vorgang für das Web automatisierten oder erleichterten, wurden ab 1997 verfügbar. Eines der beliebtesten war blogger.com (das 2003 von Google gekauft wurde).

Ein typischer Blog bestand aus einem Bereich, in den man Text eingeben konnte, und zwar in umgekehrter chronologischer Reihenfolge, d. h. die neuesten Einträge befanden sich oberhalb der älteren, und einer Spalte entlang einer Seite, die Links zu anderen interessanten Websites enthielt. Der entscheidende Durchbruch bestand darin, dass der Blogger kein Programm kompilieren und sich nicht um die HTML-Programmierung kümmern musste. Die erfolgreichsten Blogs gewannen eine riesige Gefolgschaft, zu der ein Spektrum unterschiedlichster Leute gehörte: von berühmten Personen, Journalisten und Experten bis hin zum Mann oder der Frau auf der Straße, die sich zu Wort melden wollten. Ein guter Blogger gab so oft wie möglich knappe und wohlformulierte Kommentare ab, so dass Web-Surfer die Gewohnheit entwickelten, den Blog täglich zu besuchen. Mit dem Aufkommen von sozialen Netzen wie Facebook verloren Blogs etwas von ihrer Anziehungskraft, obwohl sie nach wie vor beliebt sind. Die besten von ihnen stellen eine Gefahr für den traditionellen, in gedruckter Form erscheinenden Journalismus dar.

Ein weiterer Schwachpunkt des Webs war eine direkte Folge eines seiner liebenswertesten Merkmale: seine flache Architektur, das heißt: die Tatsache, dass ein URL Daten auf der eigenen Festplatte ebenso leicht finden konnte wie auf einem Server auf einem anderen Kontinent. Wenn einem die Welt im wahrsten Sinne des Wortes unter den Fingerspitzen liegt (oder nur einen Mausklick weit entfernt ist), wie findet man dann Informationen? Im Gegensatz zu vielen firmeneigenen, geschlossenen Netzen, die ihm vorangingen, verfügte das Web über kein Indexierungsschema. Diese Lücke wurde schon bald von Websites, die man als Portale bezeichnete, und durch Suchmaschinen geschlossen, die die flache Architektur des gesamten Webs umspannten und Websurfern einen Leitfaden für die im Web zu findenden Informationen zur Verfügung stellten. Sie entwickelten sich, durch Werbeanzeigen finanziell unterstützt, und während sich die Dotcom-Blase in den 1990er Jahren weiter aufblähte, wurden Dutzende solcher Websites gegründet. Die meisten von ihnen überstanden den Börsen-Crash der Jahre 2000 bis 2002 nicht. Einige von ihnen sind erwähnenswert, besonders Yahoo! und Google. Die Google-Site wurde zu einer der meistbesuchten Websites im gesamten Web.

Bevor das World Wide Web sich auf dem Internet durchgesetzt hatte, setzte sich AOL für das Konzept eines Net-

Wenn einem die Welt im wahrsten Sinne des Wortes unter den Fingerspitzen liegt (oder nur einen Mausklick weit entfernt ist), wie findet man dann Informationen? Im Gegensatz zu vielen firmeneigenen, geschlossenen Netzen, die ihm vorangingen, verfügte das Web über kein Indexierungsschema.

zes ein, das seine Abonnenten auf freundliche Weise zu den Inhalten führte. AOL wuchs nach und nach mit dem Internet zusammen und stellte seinen nur auf Abonnenten beschränkten Zugriff ein. Doch sein kontrollierter Zugang zum Internet hatte durchaus seine Anhänger, ebenso wie seine Kritiker, die AOL als »das Internet mit Stützrädern« verspotteten.

Yahoo! (zum Firmennamen gehörte das Ausrufezeichen) wurde 1994 von zwei Studenten der Universität Stanford gegründet: Jerry Yang und David Filo. Anfangs stellten sie einen Leitfaden für das Web von Hand zusammen. Sie taten in diesem Jahr einen entscheidenden Schritt, indem sie ihre Website über Werbeanzeigen finanzierten, und dabei dem Beispiel des Dienstes Prodigy folgten. Als das Web immer größer wurde, wurde es zunehmend unpraktischer, seinen Inhalt manuell zu indexieren, obwohl die automatische Indexerstellung noch einiges zu Wünschen übrig ließ und noch keine gute Alternative war: Es fehlte ihr an der Intelligenz, zu entscheiden, ob das Vorhandensein eines Schlüsselbegriffs besagte, dass die Website, die ihn enthielt, auch tatsächlich nützliche Informationen bereitstellte, die mit diesem Wort zu tun hatten. Die Websites von Yahoo! und seinen Konkurrenten entwickelten sich eher zu Einführungen in das Web, statt lediglich zu Suchmaschinen, und wurden so zu »Internet-Portalen«, wie das in Fachzeitschriften genannt wurde. Genau wie AOL und Prodigy es vor dem Aufkommen des Web angeboten hatten, konnte ein Besucher eines Portals auf einer Website Nachrichten, Email, Diskussionsgruppen, Lottogewinnzahlen, Sportergebnisse und unendlich viele andere Informationen finden. Die Mühelosigkeit, mit der man so ein Portal einrichten konnte, indem man sich dabei auf Inhalte stützte, die von anderen erstellt worden waren, führte zu zahlreichen Konkurrenten. Viele von ihnen wurden in den späten 1990er Jahren an der Wall Street absurd hoch notiert. Yahoo! überlebte das Jahr 2000, während die meisten anderen verschwanden. AOL fusionierte 2000 mit dem Medienriesen Time-Warner (tatsächlich kaufte AOL Time-Warner mit seiner überhöhten Börsenbewertung), doch der Zusammenschluss wurde kein Erfolg. AOL überlebte zwar, allerdings als wesentlich kleineres Unternehmen. Dass zahlreiche dieser Portale ins Leben gerufen wurden, brachte allerdings keine völlige Lösung des Problems der Informationssuche. Die Portale enthielten zwar eine Suchleiste, die Informationssuche zählte jedoch nicht zu ihren Prioritäten. Ein Grund hierfür war, dass Benutzer, die über die Suchfunktion eines Portals eine Website gefunden hatte, das Portal wahrscheinlich verlassen und zu der gefundenen Website gehen würden, was es weniger wahrscheinlich machte, dass sie die Werbeanzeigen auf dem Portal sehen würden.[29] Diese Angebotslücke füllten einige reine Suchmaschinen. Eine der interessantesten von ihnen war AltaVista, die 1995 als Tochtergesellschaft der Digital Equipment Corporation (DEC) gegründet wurde –

zum Teil, um von der hohen Verarbeitungsgeschwindigkeit ihres eigenen Mikroprozessors »Alpha« zu profitieren. Für ein paar Jahre war AltaVista die von den meisten cleveren Internetsurfern bevorzugte Suchmaschine. Sie verfügte über eine übersichtliche Benutzeroberfläche, stellte Suchergebnisse schnell zur Verfügung und konzentrierte sich auf die Informationssuche, statt auf irgendwelche anderen Dinge. DEC war stets eine Hardware-Firma gewesen und erkannte nicht, dass AltaVista an sich ein höchst wertvoller Besitz war, nicht nur ein Weg zum Verkauf von Alpha-Chips; was zur Folge hatte, dass AltaVista ins Hintertreffen geriet, als Konkurrenzfirmen aufkamen.[30]

Google wurde, wie Yahoo!, von zwei Studenten der Universität Stanford gegründet: Larry Page und Sergei Brin. Stanfords geografische Lage mitten im Herzen von Silicon Valley gab ihm als Ort, wo solche Ideen geboren wurden, einen Vorteil vor MIT und anderen Universitäten, obwohl es noch zahlreiche andere Faktoren gab, insbesondere die Beziehungen, die Stanford zu nahegelegenen Anlegern von Risikokapital entwickelt hatte. Ein Faktor, der in Geschichten von Google selten erwähnt wird, ist die Tatsache, dass Donald Knuth in Stanford unterrichtete. Sein Buch *The Art of Computer Programming, Volume Three: Sorting and Searching* ist auch Jahrzehnte nach seiner Veröffentlichung im Jahr 1973 noch immer ein Klassiker zu diesem Thema.[31] Die Aufgabe, die Suchmaschinen zu lösen haben, ist sehr kompliziert. Sie wird sich niemals vollständig automatisieren lassen. Geschichten von Google erwähnen, dass Terry Winograd, ein Professor, als Mentor des Unternehmens fungierte. Er hatte zu Beginn seiner Karriere, als er ein Programm namens SHRDLU entwickelt hatte, das in natürlichen Sprachen gegebene Befehle verstehen konnte, Pionierarbeit auf dem Gebiet der künstlichen Intelligenz geleistet.[32] Dies ist erwähnenswert, da es veranschaulicht, wie weit sich Computer seit ihren Anfängen in der Zeit des Zweiten Weltkrieges entwickelt haben. Sie dienen nach wie vor als Rechenmaschinen und haben in Wissenschaft und Technik zahllose Anwendungen. Moderne leistungsstarke Supercomputer sind Nachfahren des ENIAC. Winograd und seine zu Fragen der künstlichen Intelligenz forschenden Kollegen taten erste Schritte in Richtung der Computerverarbeitung von Texten. Diese ersten Schritte gerieten allerdings nach ersten bescheidenen Erfolgen ins Stocken, während Googles Bemühungen Früchte trugen.

Google überflügelte die rivalisierenden Suchmaschinen, weil man sich darauf verlassen konnte, dass es bessere Ergebnisse lieferte, wenn ein Anwender eine Anfrage eingab. Die Ergebnisse wurden zum Beispiel nicht nur danach sortiert, wie häufig ein Ausdruck auf einer Webseite vorkam, sondern auch danach, wie viele andere Sites über einen Link zu einer Website verfügten. Dies war eine Webversion einer von Eugene Garfield für wissenschaftliche Publikationen entwickelten Technik, bei der die Bedeutung eines wissenschaftlichen Aufsatzes danach bemessen wurde, wie viele andere Aufsätze ihn in den Fußnoten zitierten. Googles Suchalgorithmus war komplexer als Garfields, und große Teile davon bleiben ein Firmengeheimnis. Ein anderer Faktor, der zum Erfolg von Google beitrug, ist uns bisher immer wieder begegnet: Google präsentierte den Benutzern einen übersichtlichen, einfachen Suchbildschirm, auf dem sich keine Popup-Anzeigen, überladene Grafiken und andere überflüssige Dinge fanden. Zwei andere Websites, die regelmäßig als zu den meistbesuchten zählen, sind Wikipedia und Craigslist. Auch sie haben eine textorientierte Oberfläche mit wenigen Ausschmückungen. Dies war eine Lektion, die viele Websites nicht gelernt haben. Ihre Designer können offensichtlich der Versuchung, eine Seite mit einem schrillen Gemisch aus zu vielen Farben, Schriften, Schriftarten und Popup-Anzeigen zu überfrachten, nicht widerstehen. Diese Designs mögen zwar weit entfernt von den Arbeiten über den Faktor Mensch liegen, die im Zweiten Weltkrieg im Zusammenhang mit Geräten zur Steuerung von Flugabwehrraketen unternommen wurden, doch im Wesentlichen sind es ihre Abkömmlinge.

Facebook und Twitter

Seit der Zeit, zu der ich dies schreibe, fühlen sich viele Darstellungen des Computerwesens in den Druckmedien gezwungen, Facebook und Twitter im selben Satz zu erwäh-

Google überflügelte die rivalisierenden Suchmaschinen, weil man sich darauf verlassen konnte, dass es bessere Ergebnisse lieferte, wenn ein Anwender eine Anfrage eingab. Die Ergebnisse wurden zum Beispiel nicht nur danach sortiert, wie häufig ein Ausdruck auf einer Webseite vorkam, sondern auch danach, wie viele andere Sites über einen Link zu einer Website verfügten. Dies war eine Webversion einer von Eugene Garfield für wissenschaftliche Publikationen entwickelten Technik, bei der die Bedeutung eines wissenschaftlichen Aufsatzes danach bemessen wurde, wie viele andere Aufsätze ihn in den Fußnoten zitierten.

nen. Doch die beiden haben wenig gemeinsam, abgesehen davon, dass beide gegenwärtig sehr beliebt sind. Twitter wurde 2006 gegründet und ist schnell erklärt: Es ist ein Nachrichtenprogramm, das auf wenige Textzeilen beschränkt ist, ein Produkt der Smartphone-Revolution und eine kreative Antwort auf die kleinen Bildschirme und Tastaturen dieser Telefone. Man kann Twitter auf einem Laptop oder Desktop verwenden, doch mit einem Bildschirm und einer Tastatur voller Größe sind Blogs und andere Tools effektiver verwendbar. Ein beträchtlicher Prozentsatz der Darstellungen von Twitter in der Presse stammt von Journalisten, die darum besorgt sind, dass das Programm sich nachteilig auf ihre Karriere auswirken wird – was sich durchaus als wahr herausstellen könnte.

Facebook ist eine andere Geschichte, eine mit tiefen Wurzeln. Sein kometenhafter Aufstieg war 2010 Thema eines Hollywood-Films: *The Social Network*. Einer der interessantesten Aspekte von Facebooks Erfolg war die Geschwindigkeit, mit der das Programm seinen Rivalen MySpace in den Schatten stellte. Noch 2008 galt MySpace als der etablierte Vorreiter derartiger Programme.[33] Facebooks überwältigende Präsenz lässt vermuten, dass an die Stelle der traditionellen Sicht des Internets und des Webs (in diesem Kontext bedeutet »traditionell«: wie es sich im Jahr 2005 verhielt) eine andere tritt. Viele Anwender melden sich morgens bei Facebook an und lassen das Programm den ganzen Tag über in einem Fenster (oder auf einem anderen

Bildschirm) geöffnet. Es bietet eine einzelne Website, auf der man Klatsch, Neuigkeiten, Fotos und viele andere Angebote, die sich im Internet finden, anderen mitteilen kann. Facebook ist für das Web, was Walmart unter den Supermärkten ist: ein einzelner Ort, an dem jemand unter einem Dach sämtliche Dinge kaufen kann, zu Lasten traditioneller Spezialgeschäfte und sogar anderer Supermärkte und Kaufhäuser, die bereits ein umfassendes Warenangebot hatten. Hinzu kommt, dass Facebook den Fangarmen der Google-Suchen entgeht. Man kann zum Beispiel die riesige Menge der auf Facebook gespeicherten Fotos nicht aufrufen, ohne sich Facebook anzuschließen und aktives Mitglied zu werden.

Bevor das Web das Internet transformiert hatte, bot AOL – mit Hilfe seines privaten Servernetzwerks – einen Einzelzugriff auf ähnliche Dienste an. Nach 1995 war AOL gezwungen seine private Enklave zu öffnen und das Unternehmen verlor seine privilegierte Stellung als das bevorzugte Portal zu den Informationen im Netz.

Vor AOL gab es Geocities, eine Website, die zur Organisation von Chat Rooms, persönlichen Websites und anderen Themen eine geografische Metapher verwendete. Wiederum vor Geocities gab es Bulletin Boards und Usenet, mit seinem Grundstock Unix-versierter Benutzer, die Informationen untereinander austauschten. Obwohl es selten offen ausgesprochen wurde, war Sex eine der Triebkräfte vieler dieser Online-Gemeinschaften, bemerkbar daran, wie besessen Facebook-Benutzer mit der Aktualisierung ihres »Status« beschäftigt sind. Historisch betrachtet reichte diese soziale Kraft von der einfachen zweckmäßigen Nutzung des Netzwerks zur Suche nach Partnern (beiderlei Geschlechts) für ein Treffen, zur gemeinsamen Freizeitgestaltung, zur Heirat oder für zwielichtigere Zwecke, bis hin zu Prostitution und Pornografie.[34] Als Usenet 1990 Kategorien für Diskussionen über das Unix-Betriebssystem einrichtete, wurde eine Kategorie »alt« (für *alternativ*) eingerichtet, für Themen, die generell nichts mit Computerprogrammierung oder dem Netzwerk zu tun hatten. Es dauerte nicht lange, bis »alt.sex« und »alt.drugs« erschienen, was einen Anwender zu der Aussage veranlasste: »Es war daher eine künstlerische Notwendigkeit die Kategorie alt.rock-n-roll zu schaffen, was ich auch getan habe.«[35] Die sozialen Kräfte, die hinter der Verbreitung von AOL und der Bulletin Boards standen, waren die Vorläufer der Kräfte, die Facebook, Twitter und ähnliche Programme im 21. Jahrhundert vorantrieben. Wie im Fall der Erfindung des Personalcomputers waren diese Kräfte hinter der Entstehung von Netzen von unten nach oben gerichtet, während es sich bei militärischen und akademischen Behörden mit besonderen Vorrechten umgekehrt verhielt. Die heutige Welt der vernetzten Computer stellt eine Kollision beider Richtungen dar.

7

SCHLUSSBETRACHTUNG

Angesichts der Presseberichte und der öffentlichen Aufmerksamkeit scheint es angemessen, diese Darstellung mit dem Aufkommen von Facebook und Twitter zu beenden, solange wir die allgemeinen Motive und Einflüsse nicht aus den Augen verlieren, die die Nutzung von Computern und die Computertechnologie seit ihren Anfängen vorangetrieben haben. Vor allen anderen ist es die Triebkraft, die die Erfindung des elektronischen Computers überhaupt erst in Bewegung gesetzt hat: numerische Berechnungen. Die traditionelle Zahlenverarbeitung, wie etwa im Zusammenhang mit Differentialgleichungen, die der ENIAC lösen konnte, bleibt ein primärer Verwendungszweck großer Computer in der Welt der Wissenschaft. Die frühen Computer lieferten ihre Ergebnisse in numerischer Form, in Form von Zahlentabellen. Wissenschaftler können die Ergebnisse nun immer häufiger auch in grafischer Form anzeigen. Die Zahlenverarbeitungsmöglichkeiten moderner

Mainframes werden durch die Möglichkeit ergänzt, mit immer größeren Datenmengen fertig zu werden, wobei ständig größer werdende Festplattenspeicherkapazitäten und immer leistungsstärkere Datenbankprogramme zum Einsatz kommen. Dies ist ein wichtiger Punkt: Hinter vielen Smartphone-Apps steht ein komplexes Netzwerk aus Servern, Routern, Datenbanken, Glasfaserkabeln, Satelliten und Massenspeicher-Arrays sowie hochentwickelte Software.

Ebenso sollte die gegenwärtige Faszination für tragbare Geräte und Facebook die Tatsache nicht verdecken, dass Computer auch weiterhin für Geschäftszwecke verwendet werden. Sie stellen den Markt dar, den IBM in den späten 1960er Jahren mit seinen Rechnern der System/360-Reihe so erfolgreich erschlossen hat. Mag alle Welt gegenwärtig auch von Facebook besessen sein: Firmen verwenden Computer nach wie vor für so alltägliche Anwendungen wie die Lohnabrechnung und Bestandsverwaltung. In vielen Fällen programmiert man sogar noch in COBOL. Unternehmen wie FedEx verwenden Netze großer Mainframes zur Planung ihrer Arbeit und zur Verfolgung von Lieferungen im Internet. Kunden können durch einen Blick auf ihr Smartphone erkennen, wo sich ihr Paket befindet. Hierzu unterhält das Unternehmen ein Netzwerk, dessen Komplexität um viele Größenordnungen höher ist als die, welche IBM und seine Konkurrenten vor ein paar Jahrzehnten bereitstellen konnten. Die Regierung der USA, einschließlich des

Verteidigungsministeriums, bleibt ein riesiger Anwender von Computern aller Größen.

Die ARPA (jetzt DARPA genannt) treibt auch weiterhin Innovationen voran, obwohl es schwer sein dürfte, jemals wieder etwas wie das Internet zu erfinden. Dank der Unterstützung der DARPA verfügt das Verteidigungsministerium über ein Gegenstück zu Apples iPhone: über kleine, auf Mikrocomputern basierende Geräte, die in Waffensysteme integriert sind, wie zum Beispiel unbemannte Fluggeräte (UAVs*), die Satellitendaten, On-Board-Inertial-Lenksysteme und robotergesteuerte Sichtsysteme verwenden, um automatisch zu fliegen und entfernte Ziele zu treffen. Sie sind direkt mit Kommandeuren im Feld verbunden. Einige dieser Geräte sind aus solchen hervorgegangen, die für die Verwendung durch normale Konsumenten gedacht waren, was eine Umkehrung des anfänglich in eine Richtung verlaufenden Innovationsflusses von der DARPA zur zivilen Welt bedeutet. Die Frage intelligenter, autonomer, robotergesteuerter Waffen wirft philosophische und moralische Fragen auf, die man einst nur bei Autoren von Science-Fiction-Romanen fand. Diese Zukunft hat uns eingeholt.

Ich möchte die Darstellung beenden, indem ich noch einmal kurz auf die eingangs genannten vier Stränge zurückkomme, von denen ich behauptete, dass sie dem Thema des Computers und seiner Anwendung eine Struktur geben.

---

* unmanned aerial vehicles

Das digitale Paradigma hat sich immer wieder bestätigt, wenn traditionelle Methoden des Umgangs und der Verarbeitung von Information der Manipulation von Bitstrings weichen. Es begann damit, dass der Taschenrechner den Rechenstab ersetzte. Vor ein paar Jahren sahen wir das Ende der Filmfotografie und den Aufstieg der digitalen Kamera. Die analoge Aufzeichnung von Musik auf Schallplatten hat zwar unter Musikliebhabern ein erstaunliches Comeback gefeiert, doch wird der gegenwärtige Trend, einzelne Songs als digitale Dateien herunterzuladen, nicht verschwinden. Flugzeuge werden auf Computerbildschirmen entworfen und mit Hilfe von digitaler Fly-By-Wire*-Elektronik gesteuert. Nach anfänglichen Schwierigkeiten hat sich das eBook nun etabliert. Ein Buch besteht heute aus einem Bit-String, der über ein kabelloses Netzwerk auf einen eBook-Reader übertragen wird. Herkömmliche Bücher werden nicht verschwinden, aber werden sie wie Schallplatten eine Nische besetzen? Man wird diese Liste fortsetzen können.

Die Konvergenz von Kommunikation, Zahlenberechnung, Datenspeicherung und Steuerung schreitet ebenfalls voran, wenn auch mit einer überraschenden Wendung. Handgeräte können alle diese Funktionen ausführen, doch ihre Kommunikationsfunktion – Telefongespräche, SMS**-

---

* »Fliegen per Draht« = Signalübertragungstechnik für die Steuerung von Flugzeugen.

** short message service = Kurznachrichtendienst

Nachrichten oder Internetzugriff – ist auf verschiedene Netzwerke verteilt. Zum Teil ist dies auf die politischen und behördlichen Strukturen der USA zurückzuführen, und man findet in anderen Ländern eine andere Aufteilung. Die zukünftigen Entwicklungen auf diesem Gebiet könnten ebenso sehr vom Kongress der USA oder der FCC* abhängen wie davon, was aus Apples in Form eines Raumschiffs erbauter Hauptverwaltung im kalifornischen Cupertino kommt.

Das Moore'sche Gesetz, die Kurzbezeichnung für die stetige Weiterentwicklung der Mikroelektronik, treibt die Computerwelt weiter voran. Eine neuere Studie des nationalen Forschungsrates deutete an, dass die Mikroprozessorgeschwindigkeit, obwohl die Speicherkapazität weiterhin exponentiell zunimmt, damit nicht Schritt hält.[1] Die Frage, ob das Moore'sche Gesetz ein Beispiel für die von Historikern so vehement verworfene These des technologischen Determinismus ist, bleibt umstritten. Die Entwicklung des PCs widerlegt die deterministische These ebenso wie der plötzliche Aufstieg von Facebook, obwohl ein solches Programm eine umfangreiche Infrastruktur aus Silicium erfordert, um praktikabel zu sein.

Das vierte Thema, die Benutzeroberfläche, bleibt ebenfalls von zentraler Bedeutung, während sie sich weiterentwickelt. Dass ein sauberes, übersichtliches Design wichtig

---

* Federal Communications Commission = eine unabhängige US-Behörde zur staatlichen Regelung der Kommunikationswege

ist, stellt niemand in Frage. Wir haben im Zusammenhang mit dem Erfolg der Computerprodukte von Apple und der meistbesuchten Websites, wie Google, darauf hingewiesen. Was aber haben diese Sachverhalte mit dem Design von Luftabwehrraketen während des Zweiten Weltkrieges zu tun? Damals kam das Fachgebiet des Operations Research* auf. Es war eine Reaktion auf die Erkenntnis, dass die Aufgabe eines Ingenieurs mit dem Entwerfen einer Maschine nicht beendet war, sondern dass er oder sie das Gerät anschließend an den Faktor Mensch anpassen musste. Damals waren dies die neurekrutierten Soldaten und Matrosen, die zwar fast keine Vorkenntnisse über moderne Technologien besaßen, aber von denen trotzdem verlangt wurde, komplizierte Radar- und andere elektronische Geräte zu bedienen.[2] Der Kontext hat sich geändert, doch die zu Grunde liegenden Fragen sind geblieben: Computer sind effektiv, wenn ihre Bedienung – und Programmierung – auf die Benutzerebene herab verlagert wird, wer immer die Benutzer sein mögen. Die Plastizität der Computer, genau die Eigenschaft, die sie von anderen Maschinen unterscheidet, wird stets bedeuten, dass ihre Verwendung niemals intuitiv oder unmittelbar ersichtlich sein wird. Wie die anderen Stränge auch, entwickelt sich dieser rapide weiter. Es ist schon staunenswert, wenn man zum Beispiel daran erin-

* Eine durch mathematische Entscheidungen vorbereitete, optimierte Planung

nert wird, dass viele Leute heute ohne eine Maus auf Computer zugreifen, geschweige denn ohne eine QWERTZ-Tastatur.

Zenons Paradoxon behauptet, dass wir Computer und ihre Welt niemals gänzlich verstehen können, zumindest solange nicht, wie sich das Innovationstempo auf diesem Gebiet nicht verlangsamt oder bis es zu einem Innovationsstopp kommt. Vielleicht werden die Autoren von Software, wenn das Moore'sche Gesetz nicht mehr zutrifft, die Zeit haben, sauberere und weniger fehleranfällige Programme zu schreiben. Die einzige Gewissheit ist, dass die nächsten paar Jahrzehnte ebenso dynamisch und ruhelos sein werden wie die Jahrzehnte seit 1945.

ENDNOTEN

Einführung

1 Paul Ceruzzi, *A History of Modern Computing, 2. Aufl.*, Cambridge, MA, MIT Press, 2003.

Kapitel 1

1 Bernard O. Williams, »Computing with Electricity, 1935–1945«, Dissertation, University of Kansas, 1984, Universitätsmikrofilm 8513783, S. 310.

2 Tom Standage, *The Victorian Internet: The Remarkable Story of the Telegraph and the Nineteenth Century's On-Line Pioneers,* New York, Walker, 1998.

3 Brian Randell (Hrsg.), *The Origins of Digital Computers: Selected Papers,* 2. Aufl., Berlin, Springer-Verlag, 1975; Charles und Ray Eames, *A Computer Perspective: Background to the Computer Age, New Edition,* Cambridge, MA, Harvard University Press, 1990; Herman H. Goldstine, *The Computer from Pascal to von Neumann,* Princeton, NJ, Princeton University Press, 1972. Man beachte auch die Gründung des Charles Babbage Institute Center for the History of Information Technology im Jahr 1978.

4 Dag Spicer, »Computer History Museum Report«, *IEEE Annals of the History of Computing* 30(3), 2008, S. 76 f.

5 Nationale Sicherheitsbehörde der USA, »The Start of the Digital Revolution: SIGSALY: Secure Digital Voice Communications in World War II« (ohne Datum); erhältlich über das National Cryptologic Museum in Fort Meade, MD.

6 Edison war einer von mehreren Erfindern, die um 1870 ähnliche Geräte entwickelten. Der erste Morse-Telegraf druckte die Punkte und Striche des Codes aus, dieser Apparat wurde jedoch nicht mehr benötigt, als das Bedienpersonal feststellte, dass es nach einiger Übung die Töne schneller transkribieren konnten.

7 Anon., »Edward Kleinschmidt: Teletype Inventor«, *Datamation,* September 1977, S. 272 f.

8 Jo Ann Yates, *Control through Communication*, Baltimore, MD, Johns Hopkins University Press, 1989; *siehe auch* James R. Beniger, *The Control Revolution: Technological and Economic Origins of the Information Society*, Cambridge, MA, Harvard University Press, 1986.
9 Arthur L. Norberg, »High Technology Calculation in the Early Twentieth Century: Punched Card Machinery in Business and Government«, *Technology and Culture* 31, Oktober 1990, S. 753–779; *siehe auch:* James W. Cortada, *Before the Computer: IBM, NCR, Burroughs, and Remington Rand and the Industry They Created, 1865–1956*, Princeton, NJ, Princeton University Press, 1993.
10 Lars Heide, *Punched-Card Systems in the Early Information Explosion, 1880–1945*, Baltimore, MD, Johns Hopkins University Press, 2009.
11 Thomas P. Hughes, *Networks of Power: Electrification in Western Society, 1880–1930*, Baltimore, MD, Johns Hopkins University Press, 1983.

Kapitel 2

1 Konrad Zuse, *The Computer – My Life*, englische Übersetzung von *Der Computer, Mein Lebenswerk*, New York, Springer-Verlag, 1993, S. 44. Ursprünglich 1962 in deutscher Sprache veröffentlicht.
2 *Ibid.*, S. 46.
3 Alan M. Turing, »On Computable Numbers, with an Application to the Entscheidungsproblem«, *Proceedings of the London Mathematical Society*, 2. Reihe, 42, 1936, S. 230–265.
4 Constance Reid, *Hilbert*, New York, Springer-Verlag, 1970, S. 74–83; Charles Petzold, *The Annotated Turing*, Indianapolis, IN, Wiley, 2008, S. 35–53. Petzold führt Turings Aufsatz auf »das zehnte Problem« Hilberts zurück, S. 31. Es war das zehnte einer Liste von 23 Problemen, von denen Hilbert behauptete, dass sie die Mathematiker des nächsten Jahrhunderts herausfordern würden.
5 Petzold, *The Annotated Turing*.
6 Charles Babbage, *Passages from the Life of a Philosopher*, London, 1864, nachgedruckt in: Charles Babbage Institute, *Babbage's Calculating Engines*, Los Angeles, Tomash Publishers, 1982, S. 170–171.
7 Zuses gleichzeitige Entdeckung war, bis zur Veröffentlichung seiner Memoiren, *Der Computer, Mein Lebenswerk* im Jahr 1962, kaum bekannt. Seine bahnbrechenden Arbeiten zur Hardware kannte man zu Beginn der 1950er Jahre etwas besser, als er anfing kommerzielle Computer herzustellen und – hauptsächlich in Westdeutschland – zu verkaufen.

8 William Aspray, *John von Neumann and the Origins of the Modern Computing,* Cambridge, MA, MIT Press, 1990, S. 178–180.
9 Es ist schwer, die Verwendung anthropomorpher Ausdrücke wie *Gedächtnis* oder *Lesen* zu vermeiden, und sie können irreführend sein. Ich werde sie in dieser Darstellung nur selten verwenden.
10 Wallace J. Eckert, *Punched Card Methods in Scientific Computation,* New York, Thomas J. Watson Astronomical Computing Bureau, 1940.
11 Paul Ceruzzi, »Crossing the Divide: Architectural Issues and the Emergence of the Stored Program Computer, 1935–1955«, *IEEE Annals of the History of Computing* 19(1), 1997, S. 5–12.
12 Howard Aiken, »Proposed Automatic Calculating Machine«, verfasst 1937 und veröffentlicht in *IEEE Spectrum,* August 1964, S. 62–69.
13 Harvard University Computation Laboratory, *A Manual of Operation for the Automatic Sequence Controlled Calculator,* Cambridge, MA, Harvard University 1946.
14 Alice R. Burks und Arthur W. Burks, *The First Electronic Computer: The Atanasoff Story,* Ann Arbor, University of Michigan Press, 1988.
15 Brian Randell, »The Colossus«, in: N. Metropolis, J. Howlett und G. Rota (Hrsg.), *A History of Computing in the Twentieth Century,* New York, Academic Press, 1980, S. 47–92.
16 Samuel S. Snyder, »Computer Advances Pioneered by Cryptologic Organizations«, *Annals of the History of Computing* 2, 1980, S. 60–70.
17 Perry Crawford Jr., »Instrumental Analysis in Matrix Algebra«, BA-Diss., MIT, 1939; ders., »Automatic Control by Arithmetic Operations«, MA-Diss., MIT, 1942.
18 Claude E. Shannon, »A Symbolic Analysis of Relay and Switching Circuits«, *Transactions of the American Institution of Electrical Engineers* 57, 1938, S. 713–723.
19 Norbert Wiener, *Cybernetics, or Control and Communication in the Animal and the Machine,* Cambridge MA, MIT Press, 1948.
20 Vannevar Bush, »As We May Think«, *Atlantic Monthly* 176, 1945, S. 101–108.
21 Burks and Burks, *The First Electronic Computer.*

Kapitel 3

1 John von Neumann, »First Draft of a Report on the EDVAC«, Philadelphia, PA, Moore School of Electrical Engineering, University of Pennsylvania, 30. Juni, 1945.

2 Kent C. Redmond und Thomas M. Smith, *Project Whirlwind: the History of a Pioneer Computer*, Bedford, MA, Digital Press, 1980; *siehe auch:* Atsushi Akera, *Calculating a Natural World: Scientists, Engineers, and Computers during the Rise of U.S. Cold War Research*, Cambridge, MA, MIT Press, 2007.

3 Alan Borning, »Computer Reliability and Nuclear War«, *Communications of the ACM* 30/2, 1987, S. 112–131.

4 Maurice V. Wilkes, *Memoirs of a Computer Pioneer*, Cambridge, MA, MIT Press, 1985; *siehe auch:* Grace Murray Hopper, »Compiling Routines«, *Computers and Automation* 2, Mai 1953, S. 1–5.

5 Ernest Braun und Stuart McDonald, *Revolution in Miniature: The History and Impact of Semiconductor Electronics*, 2. Aufl., Cambridge, Cambridge University Press, 1982.

6 *Ibid.*

7 Jamie Parker Pearson (Hrsg.), *Digital at Work*, Bedford, MA, Digital Press, 1992, S. 10 f.

8 *Ibid.*, S. 21.

9 Joseph November, *Digitizing Life: The Rise of Biomedical Computing in the United States*, Baltimore, MD, Johns Hopkins University Press, 2011.

10 Chigusa Kita, »J. C. R. Licklider's Vision for the IPTO«, *IEEE Annals of the History of Computing* 25(3), 2003, S. 62–77.

Kapitel 4

1 Mara Mills, »Hearing Aids and the History of Electronics Miniaturization«, *IEEE Annals of the History of Computing* 33(2), 2011, S. 24–44; James Phinney Baxter III, *Scientists against Time*, New York, Little, Brown and Co., 1946.

2 Leslie Berlin, *The Man behind the Microchip: Robert Noyce and the Invention of Silicon Valley*, New York, Oxford University Press, 2005.

3 T. A. Wise, »IBM's $5,000,000,000 Gamble«, *Fortune*, September 1966, S. 118–123, 224, 226, 228.

Kapitel 5

1 Der UNIVAC hatte etwa 5000 Vakuumröhren und mehrere tausend Festkörperdioden, Kondensatoren und Widerstände. Er speicherte Daten als akustische Impulse in Quecksilberröhren.

2 Gordon E. Moore, »Cramming More Components onto Integrated Circuits«, *Electronics*, 19. April 1965, S. 114–117. Der Cartoon, der auf Seite 116 erscheint, wird Grant Compton zugeschrieben.

3 David Hounshell, *From the American System to Mass Production, 1800–1932: The Development of Manufacturing Technology in the United States,* Baltimore, MD, Johns Hopkins University Press, 1984. Hounshell weist darauf hin, dass Model T während seines Produktionslaufs tatsächlich eine Reihe von Veränderungen durchgemacht hat, doch er gibt zu, dass es ein »Model-T-Dilemma« gegeben habe.

4 Adi J. Khambata, *Introduction to Large-Scale Integration,* New York, Wiley Interscience, 1969, S. 81–82.

5 John L. Hennessy und David A. Patterson, *Computer Architecture: A Quantitative Approach,* San Mateo, CA, Morgan Kaufmann, 1990.

6 M. V. Wilkes, »The Best Way to Design an Automatic Calculating Machine«, in: Earl E. Swartzlander Jr. (Hrsg.), *Computer Design Development: Principal Papers*, S. 266–270, Rochelle Park, NJ, Hayden, 1976.

7 Gordon E. Moore, »Microprocessors and Integrated Electronic Technology«, *Proceedings of the IEEE* 64, 1976, S. 837–841.

8 Charles J. Bashe, Lyle R. Johnson, John H. Hunter und Emerson W. Pugh, *IBM's Early Computers,* Cambridge, MA, MIT Press 1986, S. 505–513. IBMs interner Codename für den 1620 war »CADET«. Er wurde von einigen als Abkürzung für »Can't Add; Doesn't Even Try«, »Kann nicht addieren. Versucht es noch nicht einmal« verstanden!

9 Paul Freiberger und Michael Swaine, *Fire in the Valley: The Making of the Personal Computer,* Berkeley, CA, Osborne/McGraw-Hill, 1984; *siehe auch:* Ross Knox Bassett, *To the Digital Age: Research Labs, Start-Up Companies, and the Rise of MOS Technology,* Baltimore, MD, Johns Hopkins University Press, 2002.

10 AKIM-1 war mein erster Computer.

11 Bruce Newman, »Apple's Third Founder Refuses to Submit to Regrets«, *Los Angeles Times*, 9. Juni 2010.

12 Fred Turner, *From Counterculture to Cyberculture: Stewart Brand, the Whole Earth Network, and the Rise of Digital Utopianism,* Chicago, University of Chicago Press, 2006.

13 Vannevar Bush, »As We May Think«, *Atlantic Monthly* 176, Juli 1945, S. 101–108.

14 Robert M. Metcalfe, »How Ethernet Was Invented«, *IEEE Annals of the History of Computing* 16, 1994, S 81–88.

Kapitel 6

1 Lawrence G. Roberts, »The ARPANET and Computer Networks«, in: Adele Goldstine (Hrsg.), *A History of Personal Workstations,* S. 143–171, New York, ACM Press, 1988; Daniel P. Siewiorek, C. Gordon Bell und Allen Newell, *Computer Structures: Principles and Examples,* New York, McGraw-Hill, 1982, S. 396–397, sowie ihr *Computer Structures: Readings and Examples,* New York, McGraw-Hill, 1971, S. 510–512.

2 Janet Abbate, *Inventing the Internet,* Cambridge, MA, MIT Press, 1999.

3 William Aspray und Paul Ceruzzi (Hrsg.), *The Internet and American Business,* Cambridge, MA, MIT Press, 2008.

4 Handelministerium der USA, Nationale Telekommunikations- und Informationsadministration, »Domain Names: U.S. Principles on the Internet's Domain Name and Addressing System«. Zugänglich unter: http://www.ntia.doc.gov/other-publication/2005/us-principles-internets-domain-name-and-addressing-system (letzter Zugriff: 29. Dezember 2011).

5 Alfred Glossbrenner, *The Complete Handbook of Personal Computer Communications,* 3. Aufl., New York, St. Martin's Press, 1990, xiv.

6 Stewart Brand (Hrsg.), *Whole Earth Software Catalog,* New York, Quantum Press/Doubleday, 1984, S. 139.

7 *Ibid.*, S. 140.

8 *Ibid.*, S. 144.

9 CompuServes Datenbanken wurden von DECs PDP-10-Rechnern und ihren Nachfolgern verarbeitet. Sie verwendeten zur Adressierung von Daten ein oktales Zahlensystem. Die Kontennummern der CompuServe-Anwender enthielten demnach die Zahlen 0 bis 7, jedoch niemals 8 oder 9.

10 Glossbrenner, *Complete Handbook*, 68, Hervorhebung hinzugefügt.

11 Kara Swisher, *AOL.COM: How Steve Case Beat Bill Gates, Nailed the Netheads, and made Millions in the War for the Web,* New York, Times Business Random House, 1998, Kap. 2.

12 *Ibid.*

13 *Ibid.*; Alfred Glossbrenner, *The Complete Handbook of Personal Computer Communications,* New York, St. Martin's Press, 1983.

14 Siewiorek *et al.*, *Computer Structures*, S. 387–438; Brand, *Whole Earth Software Catalog*, S. 138–157.

15 *Ibid.* Quarterman gibt an, dass der Ausdruck ein Akronym für »Because It's Time NETwork« (»Weil es Zeit ist, vernetzte dich«) ist. Andere meinen, er stehe für »Because It's There NETwork« (»Weil es existiert, ver-

netze Dich«), was auf das Vorhandensein dieser großen IBM-Installationen anspielt.

16 Die Smithsonian Institution hatte für seine Angestellten zum Beispiel BITNET-Konten, bevor die meisten von ihnen über einen Internetanschluss verfügten.

17 Der ursprüngliche NSF-Backbone verwendete eine als Fuzzball bezeichnete Netzwerksoftware, die für das T1-Netzwerk nicht übernommen wurde.

18 »NSFNET—National Science Foundation Network«, Living Internet, Online-Ressource unter: www.livinginternet.com/i/ii_nsfnet.htm, letzter Zugriff 10. November 2005); *siehe auch* Jay P. Kesan und Rajiv C. Shah, »Fool Us Once, Shame on You – Fool Us Twice, Shame on Us: What We Can Learn from the Privatization of the Internet Backbone Network and the Domain Name System«, *Washington University Law Quarterly* 79, 2001, S. 106.

19 Ed Krol, *The Whole Internet User's Guide and Catalog,* Sebastopol, CA, O'Reilly & Associates, 1992, Anhang C.

20 Robert Kahn, persönliche Mitteilung an den Autor.

21 Diese Information wurde der offiziellen Webseite des Kongressabgeordneten Rick Boucher entnommen (www.boucher.house.gov; Zugriff: Juni 2006). Boucher hat das Repräsentantenhaus seither verlassen und die Webseite ist nicht mehr aktiv. Über das Internet-Archiv www.archive.org kann man sie jedoch noch finden.

22 42 U.S.C. 1862, Absatz g.

23 Stimson Garfinkel, »Where Streams Converge«, *Hot Wired*, 11. September 1996.

24 Tim Berners-Lee, *Weaving the Web: The Original Design and Ultimate Destiny of the World Wide Web,* San Francisco, Harper Collins, 1999.

25 *Ibid.*

26 Shane Greenstein, »Innovation and the Evolution of Market Structure for Internet Access in the United States«, in: William Aspray und Paul Ceruzzi (Hrsg.), *The Internet and American Business*, S. 47–103. Cambridge, MA, MIT Press, 2008.

27 »Martin Cooper: Inventor of Cell Phones says they're now ›Too Complicated‹«, *Huffington Post*, 18. March 2010: http://www.huffingtonpost.com/2009/11/06/martin-cooper-inventor-of_n_348146.html.

28 Joshua Cuneo, »›Hello Computer‹: The Interplay of Star Trek and Modern Computing«, in: David L. Ferro und Eric G. Swedin (Hrsg.),

Science Fiction and Computing: Essays on Interlinked Domains, S. 131–147, Jefferson, NC, McFarland, 2011.

29 Thomas Haigh, »The Web's Missing Links: Search Engines and Portals«, in: William Aspray und Paul Ceruzzi (Hrsg.), *The Internet and American Business*, Cambridge MA, MIT Press 2008, Kap. 5.

30 C. Gordon Bell, »What Happened? A Postscript«, in: Edgar H. Schein, *DEC is Dead: Long Live DEC: The lasting Legacy of Digital Equipment Corporation*, San Francisco, Berrett-Koehler Publishers, 2003, S. 292–301.

31 Donald E. Knuth, *The Art of Computer Programming, Vol. 3: Sorting and Searching*, Reading, MA, Addison-Wesley, 1973.

32 Terry Winograd, *Understanding Natural Language*, New York, Academic Press, 1972.

33 Christine Ogan und Randall A. Beam, »Internet Challenges for Media Businesses«, in: William Aspray und Paul E. Ceruzzi (Hrsg.), *The Internet and American Business*, Kap. 9., Cambridge, MA, MIT Press 2008.

34 Blaise Cronin, »Eros Unbound: Pornography and the Internet«, in: William Aspray und Paul E. Ceruzzi (Hrsg.), *The Internet and American Business*, Kap. 15, Cambridge MA, MIT Press, 2008.

35 Brian Reid, zitiert in: Peter H. Salus, *Casting the Net: From ARPANET to INTERNET and Beyond*, Reading MA, Addison-Wesley, 1995, S. 147.

Kapitel 7

1 Samuel H. Fuller und Lynette I. Millett, *The Future of Computing: Game Over or Next Level?*, Washington DC, National Academies Press, 2011.

2 Agatha C. Hughes und Thomas P. Hughes (Hrsg.), *Systems, Experts, and Computers: The Systems Approach in Management and Engineering, World War II and After*, Cambridge, MA, MIT Press, 2000, Kap. 1 und 2.

Glossar

1 Donald Knuth, *The Art of Computer Programming, Vol. 1: Fundamental Algorithms*, Reading, MA, Addison-Wesley, 1969, S. 4.

GLOSSAR

Algorithmus
Nach Donald Knuth »ein endlicher Satz von Regeln, der eine Folge von Arbeitsschritten zur Lösung einer bestimmten Art von Problem angibt«.[1] Einem Kochrezept ähnlich, nur dass jeder Schritt so genau definiert ist, dass diese Schritte von einer Maschine durchgeführt werden können. Dabei wird davon ausgegangen, dass diese Schritte innerhalb einer endlichen Zeitspanne abgeschlossen werden können.

ARPA
Advanced Research Projects Agency, eine vom Verteidigungsministerium der USA 1968 gegründete Forschungseinrichtung für zukunftsweisende Projekte. Eine Forschungseinrichtung, die keinen speziellen Abteilungen der Streitkräfte zugeordnet ist, und die den Auftrag hat, zukunftsweisende Forschungen durchzuführen, die nicht notwendigerweise mit einem bestimmten Waffensystem verbunden sind. Das ursprüngliche Akronym wurde später zu DARPA geändert.

Künstliche Intelligenz (AI*)
Die klassische Definition ist die eines Computers, der Aktionen durchführt, die man – führte sie ein Menschen aus – als intelligent bezeichnen würde. Da Computer immer leistungsstärker werden, sieht man in der Praxis Aktionen wie etwa das Spielen einer guten Schachpartie nicht mehr als Beispiele für Künstliche Intelligenz an,

* artificial intelligence

obwohl man sie einst als an vorderster Front der AI-Forschung gelegen ansah. Dennoch ist bis heute kein Computer, trotz jahrzehntelanger Forschung und technologischer Fortschritte, in der Lage, mit einem Menschen ein normales Gespräch über eine Vielzahl von Themen zu führen.

Betriebssystem
Ein Spezialprogramm, das die Organisationsaufgaben eines Computers verwaltet, wie zum Beispiel die Übertragung von Daten aus seinem internen Speicher auf ein Speichermedium oder an ein Terminal sowie die Umsetzung von Mausklicks oder Tastatureingaben.

Binär
Eine Darstellung von Zahlen oder Werten, bei der nur zwei Werte zulässig sind. Dies können zum Beispiel »1« oder »0« in der Arithmetik, »ja« oder »nein« in der Logik, »ein« oder »aus« in einem elektrischen Schaltkreis, oder das Vorhandensein oder Fehlen von Strom in einem Draht sein. Obwohl binäre Systeme für Menschen, die an ein dezimales Zahlensystem (mit der Basis 10) gewöhnt sind, weniger angenehm sind, haben sie sowohl in technischer als auch theoretischer Hinsicht überragende Vorteile.

Bit
Eine binäre Zahl, entweder 1 oder 0.

Boole'sche Algebra
Wie die binäre Arithmetik ein System der Logik, das nur zwei Werte akzeptiert: »wahr« oder »falsch«. Die Regeln für die Verarbeitung dieser Werte entsprechen den Regeln zur Durchführung von Rechenaufgaben im binären System, mit den Zahlen 1 und 0, mit geringfügigen Abweichungen.

Byte
Acht Bits, behandelt als eine Einheit. Eine Sequenz von acht Bits reicht aus, um die großen und kleinen Buchstaben des römischen Alphabets, die Zahlzeichen, Satzzeichen und andere Symbole sowie andere Sonderzeichen zu kodieren, die zum Beispiel zur Steuerung eines Druckers verwendet werden. Typische Maßeinheit der Datenspeicherkapazität. 100 Megabyte entsprechen 800 Millionen Datenbits.

Chat Room
Ein virtueller Raum in Computernetzwerken, in dem jemand eine Nachricht eingibt, die von allen anderen, die in diesen Raum eingeloggt sind, gelesen werden kann. Sie können dann ihrerseits antworten. Die ersten Chat Rooms ließen nur einfache Texte zu. Das wurde später durch Sprach- und einfache Bilddaten ergänzt, doch einfache Texte dominierten weiterhin. Chat Rooms werden zwar nach wie vor verwendet, doch soziale Medien wie Facebook haben sie größtenteils ersetzt.

Client-Server
Ein Anordnung vernetzter Computer, bei der »Clients« (Workstations oder PCs) Daten von sogenannten »Servern« erhalten: Computern mit großer Kapazität. Die Daten befinden sich normalerweise in einem rohen Format, während die Server ihre Rechenkapazität dazu verwenden, um die Organisation der Daten, die Handhabung von Bilddaten und andere Berechnungen durchzuführen.

Compiler
Ein Spezialprogramm, das als Eingabe Befehle akzeptiert, die in einer Menschen verständlichen Form geschrieben sind und das als Ausgabe Anweisungen produziert, die eine Maschine ausführen kann, normalerweise in der Form von Strings oder binären Zahlen.

Computer
Die Definition dieses Wortes hat sich im Laufe der Jahre geändert, doch es bezieht sich normalerweise auf eine Maschine, die fast immer elektronische Komponenten verwendet und Berechnungen durchführt, Daten speichert und automatisch eine Reihe von Arbeitsschritten ausführt. Die moderne Definition geht davon aus, dass das Programm, das den Betrieb des Computers steuert – ebenso wie die Daten –, intern im Speicher des Computers abgelegt ist.

Daten
Von dem lateinischen Wort *Datum* für »das Gegebene«. Jegliche Information in kodierter Form, die ein Computer verarbeiten kann. (Im Englischen wird der Plural *data* wie ein Nomen im Singular verwendet.)

Datenpaketvermittlung
Eine Methode der Übertragung von Daten über ein Computernetzwerk, bei der eine Datei in kleinere, als Pakete bezeichnete Abschnitte zerlegt wird. Jedes Datenpaket enthält einen Kennsatz, der Informationen über das Ziel und den Inhalt des Pakets enthält. Die Datenpaketvermittlung ist die technische Grundlage des Internets.

Elektromechanisch
Eine Methode zur Umschaltung oder Manipulation elektrischer Ströme, wobei die Umschaltung durch Metallkontakte erfolgt, die ihrerseits durch elektrische Ströme aktiviert werden. Hierzu gehören sogenannte Relais, die früher einmal in Telefonschaltungen weit verbreitet waren, sowie die stufenweise Schaltung von Dezimalrädern in Lochkartenmaschinen. Im Unterschied zu *elektronisch*, bei der sämtliche Schaltungen über Elektronen in Vakuum- oder Festkörperbauelementen erfolgen.

Elektronisch
Eine Umschaltmethode, die sich mit hoher Geschwindigkeit bewegende Elektronen verwendet. Mechanische Vorrichtungen werden dabei nicht verwendet. Frühe Elektrorechner verwendeten Vakuumröhren, später Festkörpertransistoren und integrierte Schaltkreise.

Formale Logik
Siehe Boole'sche Algebra.

Grafische Benutzeroberfläche (GUI*)
Eine Methode der Interaktion mit einem Computer, durch Klicken mit einer Maus auf symbolische Informationen, die auf einem Bildschirm dargestellt werden. Für die meisten Anwender hat dies die frühere Methode der direkte Eingabe eines Befehls, wie etwa »print« (drucken) oder »save« (speichern) ersetzt.

* Graphical User Interface

Integrierter Schaltkreis
Ein elektronisches Bauelement, bei dem sämtliche Komponenten eines klassischen Schaltkreises, wie etwa Widerstände, Transistoren, Kondensatoren und die sie verbindenden Drähte auf einem einzelnen, normalerweise aus Silicium bestehenden Materialstück, kombiniert sind. Häufig auch als *Mikrochip* oder einfach als *Chip* bezeichnet.

Internet
Ein Ausdruck, der ursprünglich dazu verwendet wurde, ein Netzwerk aus verschiedenartigen Netzen zu bezeichnen. Heute bezeichnet er das weltweite Netzwerk, das die TCP/IP-Protokolle sowie die Adressierungsmethode des Domänennamensystems verwendet. Dieses wird von einer Aufsichtsbehörde namens ICANN* verwaltet.

LISP
List Processing (Listenverarbeitung), eine Computersprache, die früher von Forschern auf dem Gebiet der Künstlichen Intelligenz bevorzugt wurde.

Mikrocode
Detaillierte Computerprogramme, die die Funktionen eines Prozessors in allen Einzelheiten ausführen. Normalerweise im Nur-Lesen-Speicher abgelegt. *Siehe* Nur-Lesen-Speicher.

---

* Internet Corporation for Assigned Names and Numbers = eine Organisation für die Koordination und Vergabe von eindeutigen Namen und Adressen im Internet

Mikroprozessor

Ein Gerät, das die meisten Grundkomponenten eines speicherprogrammierten Universalcomputers auf einem einzigen Chip enthält; wird normalerweise mit RAM* und ROM**-Chips verwendet. *Siehe* RAM und ROM.

Maus

Ein Gerät, mit dem der Benutzer eines Computers Elemente auf einem Bildschirm auswählen kann.

MOS***

Metalloxid-Halbleiter: eine Art von integriertem Schaltkreis, der sich für eine hohe Komponentendichte und einen geringen Stromverbrauch eignet.

Programm

Eine Folge von Anweisungen, die von einem Computer ausgeführt werden, um Aktionen auszuführen, die von seinem Benutzer gewünscht werden. *Siehe auch Software.*

Protokolle

Die Regeln, nach denen die Vermittlung von Datenpaketen erfolgt. Sie sind dem Adressieren eines Briefes ähnlich, für das – unabhängig von seinem Inhalt – Konventionen bezüglich der Position der Anschrift und des Absenders, der Position und des Wertes der Briefmarke, usw. gelten.

---

* random access memory = frei adressierbarer Direktzugriffsspeicher

** read only memory = Nur-Lesen-Speicher

*** metal-oxide semiconductor

RAM* (Direktzugriffsspeicher)
Derjenige Teil eines Computerspeichers, der die höchsten Zugriffsgeschwindigkeiten hat, und häufig eine geringere Kapazität als eine langsamere Festplatte. Hierbei handelt es sich um eine unzutreffende Bezeichnung, da sich der Ausdruck ursprünglich auf eine Festplatte bezog, bei der die Zeit, die es dauerte auf Daten zuzugreifen, von der zufälligen Position der Daten auf der Platte abhing. Heute steht RAM für den internen Speicher, bei dem die Zugriffsgeschwindigkeit unabhängig von der Position der Daten annähernd identisch ist.

ROM (Nur-Lesen-Speicher)
Derjenige Teil eines Computerspeichers, der Daten enthält, die zwar gelesen, vom Anwender jedoch nicht geändert werden können. Normalerweise speichert ein ROM-Chip eine Programmierung (*siehe* Mikrocode), die den Mikroprozessor an die Ausführung bestimmter Funktionen anpasst.

Rechenmaschine
Ein mechanisches oder elektronisches Gerät, das die vier Funktionen der Arithmetik ausführt: Addition, Subtraktion, Multiplikation und Division.

Relais
Ein mechanischer Schalter, der durch einen Elektromagneten aktiviert wird. Der Ausdruck stammt aus der Telegrafie, bei der man das Signal eines Fernschreibers über große Entfernungen sendete, indem es an Relaisstationen neu generiert wurde; ähnlich wie ein Staffelholz bei einem langen Rennen von einem Läufer zum nächsten weitergegeben wird.

---

* random-access memory

Server
Ein Computer, der normalerweise einen großen Speicher enthält und Daten mit hoher Geschwindigkeit über Netzwerke übertragen kann. Der moderne Nachfahre der früheren Mainframe-Modelle, die Time-Sharing unterstützten.

Silicium
Ein Element des Periodensystems der Elemente mit der Ordnungszahl 14, das über Beschaffenheiten verfügt, die für die Konstruktion von integrierten Schaltkreisen gut geeignet sind.

Software
Die Reihe der Programme, einschließlich Anwendungsprogramme, Betriebssysteme und Systemprogramme, die auf einem Computer ausgeführt werden.

Speicher
Der Teil eines Computers, in dem Daten abgelegt werden. Computer verfügen über eine Hierarchie von Speichergeräten: einen kleinen Speicher, bzw. einen von geringerer Kapazität, der Daten mit hoher Geschwindigkeit speichert und abruft, gefolgt von langsameren Geräten, die dafür aber eine höhere Kapazität haben, wie zum Beispiel Festplatten- oder Magnetbandlaufwerke. Die anthropomorphen Vergleiche mit dem Gedächtnis können irreführend sein, da Computerspeicher nach grundlegend anderen Prinzipien arbeiten als das menschliche Gedächtnis.

Steuerung
In diesem Kontext derjenige Teil eines Computers, der – während er die Anweisungen eines Programms dekodiert – die anderen Schaltkreise anweist, Berechnungen durchzuführen, Daten zu speichern, ein- oder auszugeben.

TCP/IP
Transmission Control Protocol/Internet Protocol. *Siehe* Protokolle.

Time-Sharing
Eine Methode zur Verwendung eines großen Computers, der mit einer Reihe von Terminals verbunden ist. Aufgrund der Geschwindigkeiten des Computers im Vergleich zur Reaktionszeit eines Benutzers, hat jemand, der an einem Terminal sitzt, den Eindruck, dass er oder sie direkten, exklusiven Zugriff auf den Computer hat. (*Siehe auch* Client-Server). Eine Anordnung von vernetzten Computern, bei der Rechner mit großer Speicherkapazität und hohen Umschaltgeschwindigkeiten mit intelligenten Terminals verbunden sind.

Transistor
Ein elektronisches Gerät in einem festen Materialstück, normalerweise Silicium oder Germanium.

Vakuumröhre
Ein Gerät, das durch ein heißes Filament angeregte Elektronen umlenkt, die sich in einem Vakuum bewegen.

Wort
Ein Satz von Binärzahlen, die gemeinsam von einem Computer verarbeitet werden. Ein typischer moderner Personalcomputer hat eine Wortlänge von 32 oder 64 Bits.

Workstation
Ein hochwertiger PC mit leistungsstarker Bilddarstellung, Netzwerk- und Rechenfähigkeit.

World Wide Web
Ein auf dem Internet ausgeführtes Programm, das den damit verbundenen Anwendern den mühelosen Zugriff auf Informationen ermöglicht und zwar sowohl unabhängig davon, ob sie lokal oder auf einem anderen Kontinent gespeichert sind, als auch unabhängig von dem besonderen Computer oder Server, auf dem sie sich befinden.

WEITERFÜHRENDE LITERATUR

Abbate, J. 1999. *Inventing the Internet*. Cambridge, MA.

Aspray, W./Ceruzzi, P. E. (Hrsg.). 2008. *The Internet and American Business*. Cambridge, MA.

Berlin, L. 2005. *The Man behind the Microchip: Robert Noyce and the Invention of Silicon Valley*. New York.

Berners-Lee, T. 1999. *Weaving the Web: The Original Design and Ultimate Destiny of the World Wide Web by Its Inventor*. San Francisco.

Beyer, K. 2009. *Grace Hopper and the Invention of the Information Age*. Cambridge, MA.

Braun, E./Macdonald, S. 1982. *Revolution in Miniature: The History and Impact of Semiconductor Electronics Re-explored in an Updated and Revised Second Edition*. Cambridge.

Brooks, F. P., Jr. 1995. *The Mythical Man-Month: Essays on Software Engineering*. 2. Aufl. Reading, MA.

Campbell-Kelly, M. 2003. *From Airline Reservations to Sonic the Hedgehog: A History of the Software Industry*. Cambridge, MA.

Ceruzzi, P. E. 2003. *A History of Modern Computing*. 2. Aufl. Cambridge, MA.

Ensmenger, N. 2010. *The Computer Boys Take Over: Computers, Programmers, and the Politics of Technical Experise*. Cambridge, MA.

Freiberger, P./Swaine, M. 1984. *Fire in the Valley: The Making of the Personal Computer*. Berkeley, CA.

Glossbrenner, A. 1990. *The Complete Handbook of Personal Computer Communications: The Bible of the Online World*. 3. Aufl. New York.

Goldstein, H. H. 1972. *The Computer from Pascal to von Neumann*. Princeton.

Grier, D. A. 2005. *When Computers Were Human*. Princeton, NJ.
Hanson, D. 1982. *The New Alchemists: Silicon Valley and the Microelectronics Revolution*. Boston.
Kidder, T. 1981. *The Soul of a New Machine*. Boston.
Lécuyer, C./Brock, D. 2010. *Makers of the Microchip: A Documentary History of Fairchild Semiconductor*. Cambridge.
Levy, S. 1984. *Hackers: Heroes of the Computer Revolution*. New York.
Mahoney, M. S. 2011. *Histories of Computing*. Cambridge, MA.
Manes, S./Andrews, P. 1993. *Gates: How Microsoft's Mogul Reinvented an Industry, and Made Himself the Richest Man in America*. New York.
Murray, C. 1997. *The Supermen: The Story of Seymour Cray and the Technical Wizards behind the Supercomputer*. Hoboken, NJ.
Nelson, T. 1974. *Computer Lib*. South Bend, IN. (Privatdruck).
Norberg, A. L./O'Neill, J. 1996. *Transforming Computer Technology: Information Processing for the Pentagon, 1962–1986*. Baltimore, MD.
Pugh, E. 1995. *Building IBM: Shaping an Industry and Its Technology*. Cambridge, MA.
Randell, B. (Hrsg.). 1975. *The Origins of Digital Computers: Selected Papers*. 2. Aufl. Berlin.
Redmond, K. C./Smith, T. M. 1980. *Project Whirlwind: The History of a Pioneer Computer*. Bedford, MA.
Reid, T. R. 1985. *The Chip: How Two Americans Invented the Microchip and Launched a Revolution*. New York.
Rojas, R./Hashhagen, U. (Hrsg.). 2000. *The First Computers: History and Architectures*. Cambridge, MA.
Salus, P. 1994. *A Quarter Century of UNIX*. Reading, MA.
Smith, D./Alexander, R. 1988. *Fumbling the Future: How Xerox Invented, Then Ignored, the First Personal Computer*. New York.

Torvalds, L./Diamond, D. 2001. *Just for Fun: The Story of an Accidental Revolutionary*. New York.

Waldrop, M. 2001. *Mitchell. The Dream Machine: J.C.R. Licklider and the Revolution That Made Computing Personal*. New York.

Watson, T., Jr. 1990. *Father, Son & Co.: My Life at IBM and Beyond*. New York.

Weizenbaum, J. 1976. *Computer Power and Human Reason*. San Francisco.

Wolfe, T. 1983. »The Tinkerings of Robert Noyce«. *Esquire* (Dez.-Ausgabe), S. 346–374.

Yates, J. 1989. *Control through Communication: The Rise of System in American Management*. Baltimore, MD.

Zachary, G. 1997. *Pascal. Endless Frontier: Vannevar Bush, Engineer of the American Century*. New York.

Zuse, K. 1993. *The Computer – My Life*. Berlin.

BIBLIOGRAFIE

Abbate, J. 1999. *Inventing the Internet*. Cambridge, MA.

Akera, A. 2007. *Calculating a Natural World: Scientists, Engineers, and Computers during the Rise of U.S. Cold War Research*. Cambridge, MA.

Anonymous. 1977. »Edward Kleinschmidt: Teletype Inventor«. In *Datamation* (Sept. 77), S. 272–273.

Aspray, W. 1990. *John von Neumann and the Origins of Modern Computing*. Cambridge, MA.

– (Hrsg.) 1990. *Computing before Computers*. Ames, IA.

– /Ceruzzi, P. E. (Hrsg.) 2008. *The Internet and American Business*. Cambridge, MA.

Bardini, T. 2000. *Bootstrapping: Douglas Engelbart, Coevolution, and the Origins of Personal Computing*. Stanford, CA.

Bashe, C. J./Lyle, R. J./Palmer, J. H./Emerson, W. P. 1986. *IBM's Early Computers*. Cambridge, MA.

Bassett, R. K. 2002. *To the Digital Age: Research Labs, Start-up Companies, and the Rise of MOS Technology*. Baltimore, MD.

Baxter, J. P. III. 1946. *Scientists against Time*. New York.

Bell, C. G./Newell, N. 1971. *Computer Structures: Readings and Examples. McGraw-Hill Computer Science Series*. New York.

Beniger, J. R. 1986. *The Control Revolution: Technological and Economic Origins of the Information Society*. Cambridge, MA.

Berkeley, E. 1949. *Giant Brains, or Machines That Think*. New York.

Berlin, L. 2005. *The Man behind the Microchip: Robert Noyce and the Invention of Silicon Valley*. New York.

Berners-Lee, T. 1999. *Weaving the Web: The Original Design and Ultimate Destiny of the World Wide Web by Its Inventor*. San Francisco.

Borning, A. 1987. »Computer Reliability and Nuclear War«. *Communications of the ACM* 30(2), S. 112–131.

Brand, S. 1972. »Spacewar: Fanatic Life and Symbolic Death among the Computer Bums«. *Rolling Stone*, (Dez. 72), S. 50–58.

Braun, E./Macdonald, S. 1982. *Revolution in Miniature: The History and Impact of Semiconductor Electronics Re-explored in an Updated and Revised Second Edition*. Cambridge.

Brooks, F. P., Jr. 1995. *The Mythical Man-Month: Essays on Software Engineering*. 2. Aufl. Reading, MA.

Burks, A. R. 2003. *Who Invented the Computer? The Legal Battle That Changed Computing History*. Amherst, NY.

Burks, A. R./Burks, A. W. 1988. *The First Electronic Computer: The Atanasoff Story*. Ann Arbor, MI.

Bush, V. 1945. »As We May Think«. *Atlantic Monthly*, 176 (Juli 45), S. 101–108.

Campbell-Kelly, M. 2003. *From Airline Reservations to Sonic the Hedgehog: A History of the Software Industry*. Cambridge, MA.

Ceruzzi, P. 1997. »Crossing the Divide: Architectural Issues and the Emergence of the Stored Program Computer, 1935–1955«. *IEEE Annals of the History of Computing* 19(1), S. 5–12.

– 2003. *A History of Modern Computing*. 2. Aufl. Cambridge, MA.

Charles Babbage Institute. 1982. *Babbage's Calculating Engines*. Los Angeles.

Cohen, I. B. 1999. *Howard Aiken: Portrait of a Computer Pioneer*. Cambridge, MA.

Cortada, J. W. 1993. *Before the Computer: IBM, NCR, Burroughs, and Remington Rand and the Industry they Created, 1865–1956*. Princeton, NJ.

Crawford, P. Jr. 1939. »Instrumental Analysis in Matrix Algebra«. BA-Dissertation.

Cronin, B. 2008. »Eros Unbound: Pornography and the Internet«. In: W. Aspray/P. E. Ceruzzi (Hrsg.), *The Internet and American Business*, Kap. 15. Cambridge, MA.

Cuneo, J. 2011. »›Hello Computer‹: The Interplay of Star Trek and Modern Computing«. In D. L. Ferro/E. G. Swedin (Hrsg.). *Science Fiction and Computing: Essays on Interlinked Domains*, Jefferson, NC, S. 131–147.

Eames, C./Eames R. 1990. *A Computer Perspective: Background to the Computer Age*. Neue Ausgabe. Cambridge, MA.

Eckert, W. 1940. *Punched Card Methods in Scientific Computation*. New York.

Engineering Research Associates. 1950. *High Speed Computing Devices*. New York.

Freiberger, P./Swaine, M. 1984. *Fire in the Valley: The Making of the Personal Computer*. Berkeley, CA.

Fuller, S. H./Millett, L. I. 2011. *The Future of Computing: Game Over or Next Level?* Washington, DC.

Garfinkel, S. 1996. »Where Streams Converge«. *Hot Wired* (Sept.-Ausgabe).

Glossbrenner, A. 1983. *The Complete Handbook of Personal Computer Communications: The Bible of the Online World*. New York.

– 1990. *The Complete Handbook of Personal Computer Communications: The Bible of the Online World*. 3. Aufl. New York.

Goldberg, A. (Hrsg.) 1988. *A History of Personal Workstations*. Reading, MA.

Goldstein, H. H. 1972. *The Computer from Pascal to von Neumann*. Princeton.

Grier, D. A. 2005. *When Computers Were Human*. Princeton, NJ.

Handelsministerium der USA. Nationale Telekommunikations- und Informationsadministration. »U.S. Principles on the Internet's Domain Name and Addressing System«. Verfügbar unter:

https://www.ntia.doc.gov/other-publication/2005/us-principles-internets-domain-name-and-addressing-system

Hanson, D. 1982. *The New Alchemists: Silicon Valley and the Microelectronics Revolution*. Boston.

Harvard University Computation Laboratory. 1946. *A Manual of Operation for the Automatic Sequence Controlled Calculator*. Cambridge, MA.

Heide, L. 2009. *Punched-Card Systems in the Early Information Explosion, 1880–1945*. Baltimore, MD.

Hennessy, J. L./Patterson, D. A. 1990. *Computer Architecture: A Quantitative Approach*. San Mateo, CA.

Hopper, G. M. 1953. »Compiling Routines«. *Computers and Automation* 2 (Mai-Ausgabe), S. 1–5.

Hounshell, D. 1984. *From the American System to Mass Production, 1800–1932: The Development of Manufacturing Technology in the United States*. Baltimore, MD.

Hughes, A. C./Hughes, T. P. (Hrsg.) 2000. *Systems, Experts, and Computers: The Systems Approach in Management and Engineering, World War II and After*. Cambridge, MA.

– 1983. *Networks of Power: Electrification in Western Society, 1880–1930*. Baltimore, MD.

Kesan, J. P./Shah, R. C. 2001. »Fool Us Once, Shame on You – Fool Us Twice Shame on Us: What We Can Learn from the Privatization of the Internet Backbone Network and the Domain Name System«. *Washington University Law Quarterly*, 79.

Khambata, A. J. 1969. *Introduction to Large-Scale Integration*. New York.

Kidder, T. 1981. *The Soul of a New Machine*. Boston.

Kidwell, P. A./Ceruzzi, P. E. 1994. *Landmarks in Digital Computing: A Smithsonian Pictorial History*. Washington, DC.

Kilby, J. S. 1976. »Invention of the Integrated Circuit«. *IEEE Transactions on Electron Devices* 23, S. 648–654.

Kita, C. 2003. »J.C.R. Licklider's Vision for the IPTO«. *IEEE Annals of the History of Computing* 25(3), S 62–77.

Knuth, D. 1973. *The Art of Computer Programming. Vol. 1: Fundamental Algorithms.* Reading, MA.

Krol, E. 1982. *The Whole Internet Users' Guide and Catalog.* Sebastopol, CA.

Levy, S. 1984. *Hackers: Heroes of the Computer Revolution.* New York.

Licklider, J. C. R. 1968. »The Computer as a Communications Device«. *Science and Technology* (Apr. 68).

Licklider, J. C. R. 1960. »Man-Computer Symbiosis«. *IRE Transactions on Human Factors* 1(3), S. 4–11.

Liebowitz, S. J./Margolis, S. E. 1999. *Winners, Losers, and Microsoft: Competition and Antitrust in High Technology.* Oakland, CA.

Lundstrom, D. E. 1987. *A Few Good Men from UNIVAC.* Cambridge, MA.

Manes, S./Andrews, P. 1993. *Gates: How Microsoft's Mogul Reinvented an Industry, and Made Himself the Richest Man in America.* New York.

Metcalfe, R. M. 1994. »How Ethernet Was Invented«. *IEEE Annals of the History of Computing* 16, S 81–88.

Metropolis, N./Howlett, J./Rota, G. (Hrsg.) 1980. *A History of Computing in the Twentieth Century.* New York.

Mills, M. 2011. »Hearing Aids and the History of Electronics Miniaturization«. *IEEE Annals of the History of Computing* 33(2), S. 24–44.

Mims, F. III. 1985. »The Tenth Anniversary of the Altair 8800«. *Computers and Electronics* 58–62, (Jan.-Ausgabe), S. 81 f.

Moore, G. E. 1965. »Cramming More Components onto Integrated Circuits«. *Electronics* (April-Ausgabe), S. 114–117.

– 1976. »Microprocessors and Integrated Electronics Technology.« *Proceedings of the IEEE* 64, . 837–841.

Moore School of Electrical Engineering. 1947–1948. *Theory and Techniques for Design of Electronic Digital Computers: Lectures Given at the Moore School of Electrical Engineering, July 8–August 31, 1946*. Philadelphia. Nachdruck: Cambridge, MA, 1985.

Murray, C. 1997. *The Supermen: The Story of Seymour Cray and the Technical Wizards behind the Supercomputer*. New York.

Nationale Sicherheitsbehörde der USA (NSA). Kein Datum. »The Start of the Digital Revolution: SDIGSALY: Secure Digital Voice Communications in World War II«. Fort Meade, MD.

Naur, P./Randell, B. 1968. *Software Engineering; Report on a Conference Sponsored by the NATO Science Committee*, October 7–11. Garmisch, Germany: NATO, 1969.

Nelson, T. 1974. *Computer Lib*. South Bend, IN. (Privatdruck).

Newman, B. 2010. »Apple's Third Founder Refuses to Submit to Regrets«. *Los Angeles Times*, 9. Juni.

Norberg, A. L. 1990. »High Technology Calculation in the Early Twentieth Century: Punched Card Machinery in Business and Government«. *Technology and Culture* 31(10), S. 753–779.

Norberg, A. L./O'Neill, J. 1996. *Transforming Computer Technology: Information Processing for the Pentagon, 1962–1986*. Baltimore, MD.

November, J. 2011. *Digitizing Life: The Rise of Biomedical Computing in the United States*. Baltimore, MD.

Noyce, R./Hoff, M. 1981. »A History of Microprocessor Design at Intel«. *IEEE Micro* 1(2), S. 8–22.

Ogan, C./Beam, R. A. 2008. »Internet Challenges for Media Businesses«. In W. Aspray/P. E. Ceruzzi (Hrsg.). *The Internet and American Business*. Cambridge, MA.

Pake, G. 1985. »Research at XEROX PARC: A Founder's Assessment«. *IEEE Spectrum* (Okt.-Ausgabe), S. 54–75.

Pearson, J. P. (Hrsg.). 1992. *Digital at Work*. Bedford, MA.

Pugh, E. 1995. *Building IBM: Shaping an Industry and Its Technology*. Cambridge, MA.

Pugh, E. W./Johnson, L. R./Palmer, J. H. 1991. *IBM's 360 and Early 370 Systems*. Cambridge, MA.

Randell, B. (Hrsg.). 1975. *The Origins of Digital Computers: Selected Papers*. 2. Aufl. Berlin.

– 1980. »The Colossus«. In N. Metropolis/J. Howlett/G. Rota (Hrsg.). 1980. *A History of Computing in the Twentieth Century*. New York, S. 47–92.

Redmond, K. C./Smith, T. M. 1980. *Project Whirlwind: The History of a Pioneer Computer*. Bedford, MA.

Reid, C. 1970. *Hilbert*. New York.

Reid, T. R. 1985. *The Chip: How Two Americans Invented the Microchip and Launched a Revolution*. New York.

Rifkin, G./Harrar, G. 1988. *The Ultimate Entrepreneur: The Story of Ken Olsen and Digital Equipment Corporation*. Chicago.

Ritchie, D. M. 1978. »Unix Time-Sharing System: A Retrospective«. *Bell System Technical Journal* 57, 1947–1969.

Roberts, H. E./Yates, W. »Exclusive! Altair 8800: the Most Powerful Minicomputer Project Ever Presented: Can Be Built for under $400«. *Popular Electronics* (Jan.-Ausgabe), S. 33–38.

Rojas, R./Hashhagen, U. (Hrsg.) 2000. *The First Computers: History and Architectures*. Cambridge, MA.

Rosen, S. 1969. »Electronic Computers: A Historical Survey«. *Computing Surveys* 1(3), S. 7–36.

Salus, P. 1994. *A Quarter Century of UNIX*. Reading, MA.

Sammet, J. 1969. *Programming Languages: History and Fundamentals*. Englewood Cliffs, NJ.

Schein, E. H. 2003. *DEC is Dead: Long Live DEC: The lasting Legacy of Digital Equipment Corporation*. San Francisco.

Shannon, C. E. 1938. »A Symbolic Analysis of Relay and Switching Circuits«. *Transactions of the American Institution of Electrical Engineers* 57, S. 713–723.

Siewiorek, D. P. C,./Bell, G./Newell, A. 1982. *Computer Structures: Principles and Examples*. New York.

Smith, D./Alexander, R. 1988. *Fumbling the Future: How Xerox Invented, Then Ignored, the First Personal Computer*. New York.

Snyder, S. S. 1979. »Influence of U.S. Cryptologic Organizations on the Digital Computer Industry«. *Journal of Systems and Software* 1, S. 87–102.

– 1980. »Computer Advances Pioneered by Cryptologic Organizations«. *Annals of the History of Computing* 2, S. 60–70.

Spicer, D. 2008. »Computer History Museum Report«. *IEEE Annals of the History of Computing* 30(3), S. 76–77.

Standage, T. 1998. *The Victorian Internet: The Remarkable Story of the Telegraph and the Nineteenth Century's On-Line Pioneers*. New York.

Stern, N. 1981. *From ENIAC to UNIVAC: An Appraisal of the Eckert-Mauchly Computers*. Bedford, MA.

Swisher, K. 1998. *AOL.COM: How Steve Case Beat Bill Gates, Nailed the Netheads, and Made Millions in the War for the Web*. New York.

Torvalds, L./Diamond, D. 2001. *Just for Fun: The Story of an Accidental Revolutionary*. New York.

Turing, A. 1936. »On Computable Numbers, with an Application to the Entscheidungsproblem«. *Proceedings of the London Mathematical Society*, Reihe 2, 42, S. 230–267.

Turner, F. 2006. *From Counterculture to Cyberculture: Stewart Brand, the Whole Earth Network, and the Rise of Digital Utopianism*. Chicago.

Veit, S. 1993. *Stan Veit's History of the Personal Computer.* Asheville, NC.

von Neumann, J. 1945. Erster Entwurf einer Berichts über den EDVAC. Philadelphia, PA. Moore School of Electrical Engineering, University of Pennsylvania, 30. Juni 1945.

Waldrop, M. M. 2001. *The Dream Machine: J. C. R. Licklider and the Revolution That Made Computing Personal.* New York.

Wang, A. 1986. *Lessons.* Reading, MA.

Watson, T. Jr. 1990. *Father, Son & Co.: My Life at IBM and Beyond.* New York.

Weizenbaum, J. 1976. *Computer Power and Human Reason.* San Francisco.

Wexelblatt, R. L. (Hrsg.) 1981. *History of Programming Languages.* New York.

Wiener, N. 1948. *Cybernetics, or Control and Communication in the Animal and the Machine.* Cambridge, MA.

Wilkes, M. V. 1976. »The Best Way to Design an Automatic Calculating Machine«. In E. Swartzlander (Hrsg.), *Computer Design Development: Principal Papers.* Rochelle Park, NJ, S. 266–270.

– 1985. *Memoirs of a Computer Pioneer.* Cambridge, MA.

Williams, B. O. 1984. *Computing with Electricity, 1935–1945.* Dissertation, University of Kansas, Universitätsmikrofilm 85137830.

Winograd, T. 1972. *Understanding Natural Language.* New York.

Wise, T. A. 1966. »IBM's $5,000,000,000 Gamble«. *Fortune* (Sept.-Ausgabe), S. 118–123, 224, 226, 228.

Wolfe, T. 1983. »The Tinkerings of Robert Noyce«. *Esquire* (Dez.-Ausgabe), S. 346–374.

Wozniak, S. »Interview«. *Byte* (Jan 85), S. 167–180.

Yates, J. 1989. *Control through Communication: The Rise of System in American Management.* Baltimore, MD.

Zachary, G. 1997. *Pascal. Endless Frontier: Vannevar Bush, Engineer of the American Century*. New York.
Zuse, K. 1993. *The Computer – My Life*. Berlin.

REGISTER